# CORRESPONDANCE

DE

# SIR GILBERT ELLIOT

## VICE-ROI DE CORSE

AVEC

## LE GOUVERNEMENT ANGLAIS

# BULLETIN

## DE LA

# SOCIÉTÉ DES SCIENCES

## HISTORIQUES & NATURELLES

### DE LA CORSE

XIXe ANNÉE

FÉVRIER 1899. — 218e FASCICULE

## BASTIA

IMPRIMERIE ET LIBRAIRIE OLLAGNIER

1899.

# SOMMAIRE

———

## Pour paraître prochainement;

*Procès-Verbaux des Assemblées générales des Etats de Corse, tenues à Bastia de 1770 à 1784*, 3ᵉ vol., publiés par M. A. DE MORATI.

*Correspondance des Agents de France à Gênes avec le Ministère (ann. 1730 et suiv.)*, publiée par M. l'Abbé LETTERON.

*Lettres de Paoli*, Vᵉ Série, publiées par M. le docteur PERELLI.

*Aperçu historique. Les Milanais en Corse: Une investiture de fief par François Sforza*, publié par M. A. DE MORATI.

*Osservazioni storiche sopra la Corsica dell'Abbate Ambrogio Rossi*, Livre IX, 1745-1752, publié par M. l'Abbé LETTERON.

*Lettres de l'amiral Nelson pendant sa croisière sur les côtes de Corse.* — Traduction de l'anglais, par M. SÉBASTIEN DE CARAFFA, Avocat.

*Lettres diplomatiques de A. P. Sorba. (Avril 1763 à Août 1764)*, publiées par M. l'Abbé PH.-GRÉGOIRE MARINI, moine bénédictin.

SOCIÉTÉ DES SCIENCES HISTORIQUES ET NATURELLES
DE LA CORSE

# CORRESPONDANCE

DE

# SIR GILBERT ELLIOT

## VICE-ROI DE LA CORSE

——————

## 8ᵉ PARTIE

————

## VIE ET LETTRES DE SIR GILBERT ELLIOT

TRADUITES DE L'ANGLAIS ET PUBLIÉES PAR

## M. SÉBASTIEN DE CARAFFA

AVOCAT A LA COUR D'APPEL

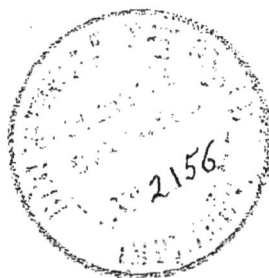

BASTIA

IMPRIMERIE ET LIBRAIRIE OLLAGNIER

—

1899

# INTRODUCTION

L'ouvrage dont nous avons entrepris la traduction a été publié en Angleterre en 1874, par la Comtesse de Minto, sous le titre de *Life and Letters of Sir Gilbert Elliot First Earl of Minto.* M. le Docteur Mattei en a légué un exemplaire à la bibliothèque de notre ville.

Cet ouvrage en trois volumes renferme la correspondance privée de lord et lady Elliot avec les membres de leur famille ainsi que les représentants du gouvernement d'Angleterre. L'auteur, pour donner plus d'intérêt encore aux documents qu'il publiait, les a rattachés par un récit intercalé.

Nous avons pensé que cette traduction, faisant suite à la correspondance officielle, échangée entre le Vice-Roi de la Corse et les membres de son Gouvernement, que nous avons précédemment publiée, pourrait avoir un intérêt pour les lecteurs du Bulletin. Elle achèverait de leur faire connaître et apprécier l'administrateur honnête et intelligent que fut

Sir Gilbert Elliot, pendant son court passage au Gouvernement de notre île ; et, si nous connaissions déjà l'homme public, le défenseur zélé de nos droits et de nos intérêts auprès des Ministres et du Roi de la Grande Bretagne, ne devions-nous pas apprendre avec plaisir, par sa correspondance privée, combien, passionnément attaché à notre pays, il était épris de notre île, des beautés que la nature y a accumulées, et en quels termes il en parlait aux personnes qui lui tenaient de près. Cet homme de bien que nous verrons dans cette correspondance, époux aimant, père de famille dévoué, avait su faire partager aux siens son admiration pour la Corse. Lady Elliot, en écrivant à sa sœur Lady Malmesbury, se montre bien parfois choquée par certains côtés un peu sauvages des mœurs de nos pères, mais elle ne cache pas l'enthousiasme que lui inspirent les sites merveilleux de notre île enchanteresse.

Nous n'avons pas cru devoir publier dans son entier l'œuvre de la Comtesse de Minto. Nous nous sommes bornés à reproduire la partie qui pouvait avoir un intérêt au point de vue de notre histoire. Nous avons donc commencé notre traduction au moment où Sir Elliot, après la prise de Toulon par les patriotes français, débarque à l'Ile-Rousse, comme ministre plénipotentiaire de la Grande Bretagne, pour se rendre auprès du Général Paoli et y préparer avec lui, au couvent de Murato, la future constitution de la Corse. Notre travail prend fin avec le départ des Anglais et l'embarquement du Vice-Roi pour Porto-Ferrajo.

Nous nous sommes attaché à traduire avec la plus grande fidélité possible, l'ouvrage original, lettres et récit. Nous avons conservé les appréciations et les notes de la Comtesse de Minto laissant le lecteur seul juge de leur exactitude et de leur impartialité.

Lord Elliot, le descendant de la Comtesse de Minto, nous a fort aimablement autorisé à publier notre traduction : qu'il nous permette de lui en exprimer tous nos remerciements.

M. Louis Lucciana a bien voulu cette fois encore revoir notre travail et nous donner l'appui qui nous était nécessaire pour raffermir notre confiance... Il sait quelle reconnaissance et quelle affection respectueuse nous lui avons vouées.

SÉBASTIEN DE CARAFFA.

# CORSE

## I.

Voici quelles furent les circonstances qui amenèrent l'annexion de la Corse à la Grande Bretagne.

L'anarchie qui régnait en France sous la Convention avait engagé la grande majorité de la population corse à se révolter contre un joug auquel elle avait été obligée de se soumettre durant trente ans (1). Dans le courant de l'année 1793 les Corses étaient parvenus à enfermer les troupes françaises dans trois forteresses, Saint-Florent, Bastia et Calvi. Mais, n'étant pas en état de prendre ces places fortes sans secours, ils s'adressèrent à Lord Hood qui commandait en ce moment la flotte anglaise devant Toulon. En retour de l'aide et de la protection qu'il demandait à la Grande Bretagne, le général

---

(1) La conquête de la Corse par la France en 1769 avait été considérée à ce moment-là comme une brillante entreprise du ministère Choiseul, et Burke, avec l'exagération qui le caractérisait, avait déclaré dans le cours d'une discussion qu'elle était pleine de dangers pour l'Angleterre.                                        (Note de l'auteur).

Paoli (1) fut autorisé par ses concitoyens à proposer l'annexion de la Corse à la Couronne Britannique « sous la forme et aux conditions que Sa Majesté croirait devoir dicter, » pourvu que l'on respectât les lois et les libertés des Corses.

Durant le siége de Toulon les commandants anglais ne purent rien entreprendre dans ce sens ; mais, après l'évacuation de cette place, Lord Hood et Sir Gilbert Elliot, agissant comme commissaires plénipotentiaires du Roi de la Grande Bretagne, décidèrent d'envoyer à Paoli une mission confidentielle pour savoir de lui quelles seraient les chances de succès de l'expédition qui aurait pour but d'arracher la Corse à la France, avant d'y engager les forces britanniques et pour connaître au juste les vrais désirs des Corses au sujet de leur annexion à la Grande Bretagne.

------

(1) C'est un fait bien connu qu'en 1753, alors que la mort de Gafforj avait laissé les Corses sans chef pour soutenir la longue résistance qu'ils faisaient depuis 1729 aux Génois, les habitants de l'Ile confièrent la direction de leurs affaires à Pascal Paoli dont le père avait pris une grande part à la guerre de l'indépendance. Le succès de l'administration de Paoli fut tel que les Génois ne se sentant plus en état de conserver la Corse, vendirent leurs droits de souveraineté aux Français qui prirent immédiatement possession de l'Ile. Paoli, obligé de quitter son pays, chercha un asile en Angleterre et y vécut jusqu'en 1789 au moment où l'Assemblée Constituante française, à l'instigation de Mirabeau, promulgua un décret ordonnant le rappel de tous les patriotes corses fugitifs. Paoli rentra alors en France où Louis XVI lui conféra le rang de lieutenant-général et le commandement militaire de la Corse.

A son retour en Corse, il fut reçu avec enthousiasme par ses compatriotes qui le placèrent à la tête de la Garde Nationale. A partir de ce moment, bien qu'il continuât à avoir constamment des communications confidentielles avec les principaux membres de l'Assemblée Constituante, il usa secrètement de son influence contre le régime français et, après la mort de Louis XVI, il ne se donna plus la peine de cacher ses sentiments à l'égard de la Révolution. Dans le courant de 1793, sa tête était mise à prix par la Convention pendant que la Corse le déclarait généralissime de ses troupes et président de ses conseils. Ce fut investi de pareils pouvoirs qu'il chercha la protection de la Grande Bretagne.                    (Note de l'auteur).

« Afin d'obtenir du peuple corse la ratification des engagements que le Général Paoli avait déjà pris avec Sa Majesté, tant en leur nom qu'en son nom personnel » les Commissaires demandèrent, dans une lettre adressée par Lord Hood à Paoli et délivrée par Sir Gilbert Elliot, que l'on convoquât une *consulta* (1) générale ; « cette mesure étant le seul moyen d'avoir régulièrement la sanction du peuple. » La mission se composait de Sir Gilbert, du lieutenant-colonel Moore et du major général Kochler. Les officiers devaient se mettre au courant de la situation militaire; Sir Gilbert n'avait qu'à s'occuper de la question politique. La mission anglaise trouva Paoli dans un vieux couvent ruiné à Murato del Nebbio où il s'était rendu dans l'intention de passer quelques jours et où ses affaires l'avaient obligé à passer plusieurs mois. « Il n'avait près de lui ni livres, ni papiers, ni aucune commodité » et ne semblait pas moins dépourvu du nécessaire.

Son stock d'armes, de poudre et de plomb était presque épuisé, ses fonds et ses approvisionnements n'étaient guère en meilleur état. Il déclara qu'une somme de 4000 livres était absolument nécessaire pour subvenir aux exigences immédiates d'un corps de 2,000 hommes et il réclama avec urgence des munitions, des biscuits et du fromage, ce qui lui fut immédiatement accordé.

A sa première conférence avec Paoli, Sir Gilbert eut la conviction que l'état existant des affaires rendait absolument

(1) « Tel était le nom que les Corses donnaient à leur Assemblée Législative qui se réunissait autrefois chaque année et qui était composée des représentants nommés par les provinces et les villes. Elle était quelquefois convoquée dans des occasions extraordinaires et dans ce cas le nombre des députés était plus considérable que dans la consulta annuelle. On pouvait la considérer comme une convention revêtue de pleins pouvoirs pour engager la foi nationale et lier le peuple par ses actes.

impossible la convocation de l'Assemblée Générale. Tous les Corses, sans excepter les prêtres, étaient en armes. Le Général se trouvait lui-même à six ou sept milles de l'ennemi qu'il ne pouvait pas perdre de vue. Dans de pareilles circonstances on ne devait pas songer à réunir à Corte une *consulta* générale. D'ailleurs Paoli parvint à persuader à Sir Gilbert que cela n'était pas nécessaire pour l'objet que l'on avait en vue. Il résultait clairement des procès-verbaux de la consulta générale, tenue en Mai 1793, que Paoli avait été investi par ses compatriotes d'une autorité suffisante pour parler en leur nom. Il s'était déjà parfaitement engagé pour eux et pour lui-même par sa lettre à Lord Hood et il n'hésita pas à assurer Sir Gilbert qu'il convoquerait une *consulta* générale aussitôt que cela serait possible et que celle-ci approuverait les conditions auxquelles il aurait traité précédemment avec les commissaires anglais. Sir Gilbert ajoute qu'il n'a plus douté de la sincérité de Paoli à l'égard de ses nouveaux alliés et de l'autorité qu'il avait sur ses concitoyens, du jour où, après avoir résidé dans l'Ile durant une semaine, il a connu le caractère de ce peuple : « Ils sont passionnément attachés à Paoli et les menaces, dont sa personne a été l'objet de la part de la Convention Française, ont été le signal de la révolte la plus générale et la plus instantanée que l'on ait jamais vue dans ce pays si sujet à des insurrections générales ; mais eux, aussi bien que lui, ne se sont que trop rendu compte de l'impossibilité de maintenir l'indépendance absolue de ce petit état par leurs propres ressources et ils préfèrent la puissante protection de la Grande Bretagne à celle de n'importe quelle autre nation d'Europe.

« Ces dispositions ont été évidemment cultivées par Paoli et par ceux qui agissent sous ses ordres ; mais leur existence ne saurait être mise en doute par quiconque a eu l'occasion d'en être le témoin sur les lieux. Je ne crois pas qu'il y ait eu un seul homme, une femme ou même un jeune enfant, parmi les milliers de Corses que nous avons vus, qui soit venu à portée de nous saluer, sans crier : « *Viva Paoli e la Nazione Inglese !* » Les personnes de toutes sortes qui proféraient ces mots étaient tellement nombreuses qu'il est impossible de croire qu'on leur ait donné à toutes des instructions et que ce cri ait été purement factice et préparé dans le but de tromper. Toutes les fois que nous avons parlé de les rendre indépendants, ils ont repoussé cette idée et ont déclaré qu'ils voulaient être anglais. Leonetti et Paoli lui-même ont constamment et sans équivoque tenu ce même langage, non pas seulement avec nous en particulier, mais dans toutes les occasions en public et de manière à être entendu du peuple. Je suis convaincu que la sincérité de Paoli à ce sujet doit être aussi peu mise en doute que celle de ses concitoyens. Il est vieux, chargé d'infirmités, harassé et fatigué au delà de toute mesure et impatient de quitter cette scène de fatigues, d'embarras et de dangers aussitôt qu'il aura conduit son pays en sûreté dans un port britannique.

« J'ai toujours pensé que la situation personnelle de Paoli pouvait créer une difficulté et qu'il pouvait être peu désireux de remettre entre des mains étrangères une autorité qu'il détient dans des conditions aussi flatteuses, même pour une ambition louable. Mais il m'a affirmé qu'il est décidé à se retirer de l'Ile, aussitôt que la tranquillité et la sûreté publiques seront fermement établies sous la protection du Gouvernement Britannique. L'état de sa santé qui est visiblement altéré, ajouté à son âge, me donne la conviction qu'il est sincère dans ses déclarations. Il n'a pas de famille pour laquelle il ait des vues ambitieuses. Leonetti, son plus proche parent, est un fils de sa sœur. Il est évident que Paoli, intentionnellement et presque avec affectation, évite tout ce qui pourrait faire croire qu'il veut le mettre en avant et le tient à l'arrière plan plus encore que sa proche parenté ne semble le justifier. D'un autre côté Leonetti, tout en étant un homme digne et très respecté, n'est nullement en état ni par ses talents, ni par ses qualités naturelles, de soutenir le rôle ardu de successeur de Paoli, surtout si la Corse tentait de défendre seule son indépendance contre les puissants prétendants qui voudraient la dominer.

« J'ai causé souvent avec Paoli au sujet de la forme de Gouvernement qui conviendrait le mieux aux intérêts communs et aux vues des deux pays et j'ai eu l'avantage de consulter là-dessus des personnes aussi habiles qu'instruites, au courant des Lois et de la Constitution corses. Le résultat de ces conversations m'a paru être que le Gouvernement devrait être placé entre les mains d'une personne déléguée d'Angleterre et représentant Sa Majesté sous le titre de Vice-Roi, Lord-Lieutenant, Gouverneur ou sous tout autre que l'on jugerait convenable. L'élément militaire serait entièrement sous son contrôle et il aurait en main, au nom de Sa Majesté, ce qui est généralement désigné sous le nom de Pouvoir Exécutif, restant complètement étranger à tout acte législatif. La constitution de la Corse serait, à tous les autres points de vue, à peu près pareille à ce qu'elle est aujourd'hui. Je n'insisterai pas sur les détails de cette constitution qui est décrite dans différentes publications.

« Le plan général de cette constitution, modifié de manière à l'adapter à la surveillance nécessaire de l'autorité du Gouvernement Britannique et contenant certaines clauses pour préserver les lois nationales et la religion des Corses et garantir la sécurité de la propriété, donnera pleine satisfaction au désir exprimé par le peuple d'avoir à l'intérieur une liberté raisonnable et modérée, tout en répondant à toutes les vues justes et rationnelles du Gouvernement Britannique dans ce pays (1) ».

---

(1) Dépêche au Très-Hon. Henry Dundas.

Dans une lettre à Lady Elliot, Sir Gilbert raconte d'une manière saisissante ses impressions en faisant connaissance du peuple de Corse.

« Je me suis embarqué à bord du Lowestoft avec le colonel Moore et le major Kochler. Nous sommes arrivés en deux jours en vue de l'Isle-Rousse qui est à mi-chemin de Saint-Florent à Calvi. Ces deux dernières places étaient au pouvoir des Français. L'Isle-Rousse appartenait au parti de Paoli.

Le colonel Moore, le major Kochler et moi, nous quittâmes la frégate qui resta à plus d'une lieue au large, pour aller à terre dans une embarcation, sans armes, accompagnés de quatre jeunes hommes pour ramer. En approchant du petit port nous regardions à terre pour voir le peuple qui s'y trouvait et quand nous fûmes entrés de manière à ne plus pouvoir sortir, nous aperçumes le débarcadère qui était près de nous et qui était rempli de gens tous en armes, plusieurs d'entre eux portant évidemment l'uniforme national français. J'ai observé qu'à ce moment nous n'avons pas tardé à dire à la fois que quels que fussent ces gens, nous devions continuer et nous avons ordonné aux marins d'accoster. Cette incertitude toutefois ne dura pas deux minutes et nous nous trouvâmes bientôt au milieu d'amis. La Corse ayant été dernièrement française, ses habitants portent l'uniforme français comme dans les autres parties de la France, beaucoup d'entre eux le faisant par économie ; mais ce n'est pas une excellente économie car plusieurs ont été ainsi tués dans des escarmouches par leurs propres amis.

A peine débarqués, nous avons été conduits à la maison du Commissaire où nous avons trouvé le neveu de Paoli, il Signor Leonetti, qui, ayant servi à Gibraltar avec un corps de troupes corses, connaissait le major Kochler ; ils se sont embrassés comme si l'un d'eux était une jolie fille. On nous offrit des rafraîchissements consistant en amandes, châtaignes, oranges, fromage frais et vin ; les appartements furent envahis par une foule appartenant à toutes les classes pour nous voir. C'est un usage général dans toute la Corse. Tout le monde entre comme il l'entend et cause avec vous; des célébrités comme nous sont constamment entourées et regardées bouche béante. C'était dans la matinée; nous décidâmes de passer la journée chez Leonetti, à deux milles de là et il s'engagea à nous accompagner le lendemain matin durant notre voyage pour nous rendre auprès de Paoli.

Nous partîmes pour la maison de Leonetti à pied accompagnés par ce qu'on appelle des soldats, c'est à dire des paysans armés de fusils. Je fus très frappé par la vue d'une véritable milice nationale que je voyais pour la première fois, les habitants d'un pays portant leurs propres armes pour leur propre défense et dans leur propre intérêt et chaque homme entièrement habillé à sa guise. On ne trouve là ni uniformes, ni régiments, ni compagnies, ni officiers; ils sortent de chez eux quand ils veulent ou quand on a besoin d'eux, un fusil pendu à l'épaule par une courroie, par devant une cartouchière bouclée et sur le dos un sac de farine de châtaignes, un pistolet de flanc pendant sur le côté et une dague passée dans le ceinturon du pistolet. Ils marchent devant, derrière, autour de vous, au gré de leur fantaisie.

C'est un beau peuple, de moyenne taille, très bien fait, au tempérament actif, au caractère vif et ardent. Beaucoup d'entre eux ont des yeux noirs, brillants et quelques uns possèdent les plus beaux traits classiques que j'aie jamais vus. Je parle en ce moment des hommes, car bien que j'aie vu une ou deux belles filles, les beautés féminines m'ont paru bien plus rares que celles de l'autre sexe. Ils sont vêtus généralement d'un court veston, pareil à nos vestes de chasse, en une étoffe grossière de laine épaisse et non teinte, d'un gilet, de culottes et de guêtres en cuir de buffle. Cela est tellement général qu'on peut le considérer comme l'uniforme corse. Leurs fusils sont de légers fusils de chasse qu'ils portent depuis leur enfance ; ils sont presque sans exception d'excellents tireurs, atteignant avec une simple balle un pigeon au vol ou un chapeau lancé en l'air.

La maison de Leonetti est perchée sur une haute colline qui est appelée d'une manière significative Monticelo (1). Les constructions que j'ai vues en Corse ne sont pas somptueuses ; elles sont même tout le contraire. La maison de Leonetti est la plus belle que j'aie vue et elle est de beaucoup inférieure à la plus petite gentilhommière de Teviotdale. Il a cependant une ou deux chambres propres et bien meublées et une vue superbe jusqu'à la mer sur deux milles de pays.

Pour avoir une idée de la manière de vivre et de la société dans cette île, sachez que les fenêtres de son salon sont à moitié murées en briques avec des meurtrières.

Nous avons passé le reste de la journée à nous promener sur les collines.

Cette contrée a une des particularités de Minto qu'on ne peut faire beaucoup de pas sur le même niveau ; mon éducation chez nous me rend l'égal des meilleurs marcheurs corses et me donne même une évidente supériorité sur beaucoup d'entre eux.

Leonetti est fils d'une sœur de Paoli, son plus proche parent et son héritier ; sa famille se compose de sa femme, d'une jeune fille, de la mère de sa femme et du grand-père. La femme n'est ni belle ni habile.

Sa mère est impayable.

C'est une vielle dame propre, éveillée et bavarde ; elle m'a bientôt donné tous les renseignements possibles sur elle-même et m'a adressé force questions sur moi et sur les miens ; et en parlant, elle vous saisit tantôt par le bras, tantôt par la jambe. En un mot, elle est charmante ! Je m'aban-

---

(1) Monticello.

donnais à la passion grandissante que j'éprouvais pour elle, considérant qu'à son grand âge l'amitié entre nous ne pouvait avoir aucun inconvénient. Je fus donc complètement étourdi quand j'appris de Leonetti que cette vieille dame (me pardonnerez vous de parler ainsi !) était plus jeune de quatre ans que ma propre femme !

Cela paraît assez général en Corse. Tous me semblaient très vieux pour leur âge. Pour vous consoler au sujet de la jeunesse de cette dame, je vous dirai que j'ai vu un vieillard avec une barbe grise et une figure ridée, courbé sur son fusil comme un homme cassé et que, Paoli lui ayant demandé son âge, il répondit qu'il avait trente-huit ans. Tout le monde se trompe sur mon âge de sept à huit ans.

Le lendemain nous partîmes avant le jour, de très-petits chevaux, des ânes et des mulets chargés des domestiques et des bagages et nous autres à pied. Notre voyage fut réellement charmant. Le pays est joli, pittoresque et romantique; le peuple n'est pas moins intéressant et pas moins charmant. Notre route était accidentée, raide et rocailleuse, mais le point de vue variait continuellement; quelques vallées étaient assez riches et très-jolies. Toutes les personnes que nous rencontrions nous saluaient par ces mots: « *Viva Paoli e la Nazione Inglese !* » Nos guides et nos gardes disaient à tous ceux qui se trouvaient à portée de leur voix qui nous étions et pourquoi nous étions venus. La nouvelle de notre arrivée nous précédait et dans chaque village nous étions reçus à coup de fusil tirés devant nous en signe de bienvenue. Tous les habitants se détournaient de leur chemin pour nous voir et beaucoup d'entre eux nous escortaient d'un village à l'autre.

Nous avons déjeuné à Palasca et couché à Pietralba. Les maisons, où nous nous sommes arrêtés, appartiennent à des gens de bonne famille, tous parents de Paoli, mais aucune d'elles n'est à aucun point de vue supérieure à une auberge acceptable et la manière de vivre et de s'habiller est à peu près en rapport. On nous servit une grande quantité de victuailles, mal préparées et fortement assaisonnées d'ail ; le vin était très léger, mais très pur et ayant un bouquet agréable. On fait d'excellentes choses avec du lait sous la forme de fromages et de *sillabubs* etc..... et bien que ce soit du *lait de brebis*, on ne sent pas le goût qui est spécial à ce lait ; un fromage frais, léger, appelé *Brocciu*, est tout particulièrement bon.

« Le second jour nous sommes arrivés à Murato del Nebbio où Paoli réside actuellement, après avoir traversé une chaîne très élevée et très escarpée du nom de Tenda, et être descendus ensuite en approchant de Murato, tout le long d'un torrent mugissant qui est très beau. Ce jour-là je l'ai complètement emporté sur nos soldats qui, bien qu'étant en état de marcher plus longtemps, pouvaient difficilement suivre mon pas, n'étant pas habitués à avancer comme vous faites lorsqu'un coup de sifflet vous excite. »

La lettre finit brusquement ici. Sir Gilbert apparemment n'eut jamais le temps d'achever son récit, mais, dans une lettre adressée à une autre personne, il parle de cette semaine passée en Corse comme du temps le plus agréable qu'il eût jamais connu ; « vous le croirez difficilement peut-être vous qui ne vous rappelez que le Paoli des réunions *Tabby* à Londres. Mais en Corse et à ce moment-là lui et son peuple étaient vraiment intéressants. Il est bien changé et bien cassé dans sa santé et son aspect ; il attend avec impatience le moment de pouvoir jouir du repos que les événements vont bientôt lui procurer. Le peuple de Corse, je puis le dire, désire unanimement s'unir à l'Angleterre. »

Le résultat de la mission fut tellement satisfaisant que, dans les premiers jours de Janvier 1794, Lord Hood convint avec Paoli que les forces britanniques aideraient les Corses à chasser les Français de l'Ile et que l'annexion de la Corse à la Grande Bretagne en serait la conséquence immédiate.

Pendant la durée des opérations militaires, la diplomatie n'avait plus aucune mesure à prendre à propos des relations de l'Angleterre et de la Corse. Sir Gilbert Elliot quitta donc momentanément la flotte et se rendit à Florence pour s'occuper avec le grand Duc de Toscane des Réfugiés Français de Toulon qui, débarqués de la flotte à Livourne, restaient là en souffrance, attendant qu'on voulût bien leur désigner un lieu de refuge.

Le voyage de Livourne ne fut pas, pour Sir Elliot, dépourvu d'accidents.

« Il est clair, écrivait-il, de cette ville, à Lady Elliot, le 31 Janvier 1794, qu'ayant comme Macbeth évité la corde et le canon à Toulon, je ne suis pas né pour être pendu ; j'ai des raisons maintenant pour croire que je ne suis pas destiné à être noyé et j'espère que le sort qui m'est réservé est celui qu'avait choisi Arlequin qui, mis en demeure de se prononcer sur un genre de mort, répondit : La mort par vieillesse ! Le fait est qu'hier, j'ai fait naufrage et que, malgré cela, je suis arrivé à Livourne sans m'être même mouillé les pieds !

» Nous avons mis à la voile avant-hier sur la frégate *Amphitrite* avec deux transports venant de Porto-Ferrajo sous notre escorte. Hier, entre 9 et 10 heures, aussitôt après le déjeuner, pendant que nous étions satisfaits et tranquilles dans nos cabines, la matinée étant belle et la brise favorable, nous avons senti tout à coup, sans que rien ait pu nous le faire prévoir, que le navire avait donné contre un rocher. Dans la vie il y a rarement des changements plus marqués et plus brusques que celui qui a lieu entre le moment qui précède et celui qui suit le choc d'un navire contre un rocher. Nous étions à peu près à sept milles de la côte et les rochers étaient à deux brasses environ sous l'eau. Dans ce malheur, il y eut plusieurs circonstances heureuses et providentielles. Nous avions la journée devant nous. Le temps était très calme. Il y avait peu de mer. Nous nous étions plaints du

retard que nous avions subi pour attendre les deux transports, nous connaissions bien peu notre bonheur, car nous
aurions été à jamais perdus sans eux. Ils étaient derrière nous
quand survint l'accident. Mais en moins d'une demi-heure,
ils nous rejoignirent ; après avoir inutilement fait tout ce
qu'on pouvait pour retirer la frégate du rocher, on nous embarqua sur l'un des transports et on nous envoya à Livourne
pour tâcher d'avoir d'autres secours le plus promptement
possible. Je suis resté à bord, après le choc, durant deux
heures, pendant lesquelles la carène du navire n'a pas cessé
un seul instant de battre contre le rocher et à l'instant
même où notre embarcation s'éloignait, le grand mât menaça
de tomber par dessus bord. »

Durant le voyage à Livourne, le temps devint contraire et le
transport « un véritable baquet » ne put doubler la pointe près
de ce port. Le capitaine ne connaissait pas la côte, à la fois
rocheuse et dangereuse, et fut enfin obligé de jeter l'ancre à
une encablure des récifs. Si le vent fraîchissait, nous étions à
peu près sûrs d'aller à la côte sans beaucoup d'espoir de nous
sauver. Une embarcation partie de Livourne s'approcha assez
près de nous pour nous dire que nous étions dans un endroit
dangereux et que si le vent venait à souffler plus fort nous
étions tous perdus, mais on ne voulut mener à terre aucun
de nous. Dans cette situation critique le jour passa. Vers le
coucher du soleil, nous fûmes tirés de là par un canot à rames, appartenant au Bureau de la Santé, dans lequel nous
nous embarquâmes (1) et, après avoir été durant deux heures,
ballottés par une forte mer dans des ténèbres épaisses, nous
débarquâmes sains et saufs à Livourne. Quelques instants après
nous nous sommes trouvés dans une loge à l'opéra, entourés
de dames parées, de messieurs en domino, au milieu du plus

(1) Sir Gilbert avec deux officiers anglais et deux officiers français.

grand luxe et de toutes sortes de magnificences. C'est la mode à Livourne de recevoir des visites et de faire des affaires à l'Opéra (1). Le Consul était dans la loge de Lady Harvey. Nous passâmes ainsi de notre naufrage à cette scène de splendeur et de gaîté. C'était plus d'enchantement qu'on n'en trouve généralement *devant* le rideau.

« Je n'ai pu m'empêcher de réfléchir sur les vicissitudes des choses humaines ! Avant-hier j'étais à bord du *Victory* et je pouvais presque commander ce trois-ponts. Le même jour j'ai eu une frégate à ma disposition. Le lendemain matin j'ai été heureux d'avoir un transport pour m'y réfugier. Le soir je fus réduit à une embarcation à rames et de là j'ai sauté de nouveau dans *Mon Excellence* avec une escadre sous mes ordres. »

Dans une autre lettre Sir Gilbert écrit : « Je suis très heureux que le capitaine Hood de l'*Amphitrite* et que tous ses officiers aient été acquittés par la Cour Martiale pour la perte de leur frégate. Il paraît que les rochers sur lesquels nous avons donné ne sont portés sur aucune carte marine. Lord Hood me dit dans sa lettre « qu'il a été vraiment providentiel que le temps fût bon, sinon nous aurions tous péri. »

L'installation des fugitifs ne fut pas une tâche facile. La protection que leur accordait le Gouvernement Britannique, à un moment où, d'après Sir Gilbert lui-même, « on était animé contre les malheureux Français des dispositions les plus sauvages », faisait honneur au caractère national comme cela fit honneur à Sir Gilbert de n'avoir jamais cessé d'em-

(1) Quelques jours plus tard Sir Gilbert écrivait de Florence : «J'étais à l'Opéra avec une petite partie de Londres — les Websters, Lord Granville Leveson, les Herveys. — A l'opéra, les dames du monde quittent leurs loges et, descendant masquées au parterre, elles causent avec qui leur plaît, qu'il soit étranger ou non. Une des plus agréables dames italiennes est Madame d'Albany, veuve du prétendant ; fort sensée tout en étant simple. (Note anglaise),

ployer tous ses efforts pour assurer le sort de ces malheureux, malgré la mauvaise volonté de ceux à qui s'adressaient ses observations, malgré le caractère peu raisonnable de ceux dans l'intérêt desquels il travaillait.

« J'ai le regret de faire observer, écrivait-il de Livourne au Très Honorable Henry Dundas, dans une lettre datée du 21 Février 1794, que les frais déjà occasionnés par les secours donnés aux Toulonais sont vraiment considérables (1) ; jusqu'ici on n'a pas pu les éviter et je ne vois d'ailleurs aucun moyen de faire cesser pour quelque temps encore cette lourde charge, sans abandonner ces infortunés à un triste sort auquel ils ne peuvent d'eux-mêmes se soustraire en aucune façon. Ils sont chassés de place en place, sans pouvoir se fixer nulle part et tirer parti de leurs talents ou de leur activité. Partout où j'ai été, j'ai trouvé tous les habitants, ceux de la haute classe y compris, tellement animés de mauvaises dispositions contre tout ce qui porte le nom français, que les réfugiés sont privés des ressources ordinaires du travail et mis dans l'impossibilité de gagner leur vie. »

Le 19 Décembre, 4,000 environ s'étaient réfugiés à bord de la flotte anglaise. Parmi ceux-ci, 2,000 avaient été entassés dans la ville de Porto-Ferrajo, à l'Ile d'Elbe, qui leur avait été concédée comme asile par le Grand Duc de Toscane ; quelques centaines avaient été reçus à Livourne, mais le reste ne put pas débarquer et on considéra comme une faveur que l'on permit aux vaisseaux de rester à quai au lieu d'être envoyés à Porto-Ferrajo « où il n'y avait pas de place pour un homme de plus. » Le jour même de l'arrivée de Sir Gilbert à Florence, on avait donné un mois pour quitter la Toscane à tous les Français qui n'y étaient pas venus avant le mois de Mai 1793.

---

(1) Les frais occasionnés par les réfugiés s'élevaient à ce moment, d'après Sir Gilbert, à 150 livres par jour.

Les cours de Rome et de Sardaigne ainsi que la République de Lucques avaient montré des dispositions non moins défavorables; mais peu à peu les représentations de Sir Gilbert modifièrent en mieux l'état des esprits et tout fut définitivement arrangé le jour où le Grand-Duc de Toscane et le Roi de Sardaigne consentirent à désigner certaines places sur leurs territoires pour recevoir les Réfugiés (1). Un peu plus tard, la Cour de Rome elle-même voulut bien donner asile à un nombre restreint d'entre eux, pas avant toutefois de voir presque échouer la négociation à cause de certaines prétentions de la part du Pape que Sir Gilbert ne pouvait pas admettre.

Comme il n'existait pas de relations officielles entre la Cour de Rome et celle de Saint-James, Sir Gilbert s'était adressé à un de ses amis personnels, à M. Hippesley (2), qui résidait à Rome et qui passait pour avoir une certaine influence dans cette ville, le priant d'obtenir de la pitié de la Cour Papale un asile pour un petit nombre de Toulonais. La réponse, « favorable aux autres points de vue », contenait toutefois « la condition que la demande de Sir Gilbert fût faite officiellement et qu'elle fût soumise ensuite à l'approbation de son gouvernement. » Sir Gilbert ne pouvait accepter cette condition; il retira donc sa demande en exprimant le regret qu'aucun autre chemin ne lui fût laissé ouvert « de-

---

(1) La République de Lucques refuse d'avoir à faire quoi que ce soit avec les Français. Le Roi de Sardaigne consent à en recevoir de 800 à 1000 dans la province d'Oneglia à la condition que nous importions du blé et d'autres provisions pour eux. L'île de Sardaigne leur est fermée par suite de l'animosité qui s'est manifestée contre tous les Français en général depuis l'expédition dirigée l'année dernière par la France contre cette île. La Toscane désigne quatre petites villes sur son territoire pour recevoir les réfugiés à la condition qu'ils seront rappelés de Toscane après quelques semaines.

(2) Depuis Sir John Hippesley.                    (Notes anglaises).

puis qu'on avait mêlé à cette petite affaire de charité des considérations d'une nature aussi distincte et en même temps aussi délicate et aussi importante », ajoutant « qu'il n'avait ni l'habileté nécessaire pour défaire le nœud, ni le pouvoir voulu pour le couper ». « Vous serez heureux d'apprendre, » disait-il en terminant sa lettre, « que j'ai eu dernièrement l'occasion de répartir dans le Piémont un nombre considérable de réfugiés et d'assurer le sort des autres de différentes manières ; j'ai évité ainsi les embarras immédiats qu'aurait pu produire ce contre-temps. Si toutefois il était possible de séparer cette œuvre chrétienne et charitable d'autres objets temporels et spirituels et de permettre seulement à 400 ou 500 familles de respirer inoffensivement sur le territoire des États Romains, on répondrait pleinement à tous mes désirs actuels. » — « La dureté de cœur que l'on montre partout à l'égard de ces malheureux ne fait guère honneur à la postérité d'Adam. »

Peu après on leur accorda l'asile désiré. Bientôt à la difficulté d'établir les réfugiés sur la terre ferme vint s'ajouter celle de leur persuader de se soumettre à leur misérable sort.

A Lady Elliot.

« Livourne, 21 Février 1794.

» Vous n'avez pas idée de l'existence que je mène ici. De ma vie, jamais je n'ai été aussi occupé, aussi tracassé et en même temps aussi fatigué. Les Français arrivent chez moi avant mon lever et, à partir de ce moment jusqu'au dîner, soumis presque tous les jours à la plus ennuyeuse et irritante des besognes, je n'ai pas un seul instant de répit entre les réclamations importunes de gens déraisonnables et, ce qui qui est bien pis, les justes prières et les pleurs des malheureux auxquels je ne puis procurer le soulagement qu'ils méritent.

» Tous ont répété, à peu près littéralement, la même triste

histoire, chacun étant convaincu que son propre cas était le seul qni méritât d'être pris en considération ; une fois sur vingt à peine j'ai pu leur venir en aide. J'ai ainsi passé *huit heures* entre deux fenêtres, le dos appuyé contre une table. J'ai dû même avoir recours à la violence pour défendre ma porte durant un certain temps et pouvoir ainsi faire mes dépêches ou même vous écrire une lettre..... »

« 4 Mars. — C'était beaucoup et peut-être même trop pour moi pour pouvoir conserver mon humeur aussi égale qu'il le faut en pareil cas et quand j'ai passé tout un jour sans faire à l'un d'eux une réponse brusque ou sans leur dire une dureté, je ne manque pas de me féliciter, vu que plus d'une fois j'ai été désolé de l'avoir fait. Vous pouvez juger, par toutes ces difficultés, du grand et pénible travail que j'ai eu devant moi (1).

» Nous avons dirigé environ mille réfugiés de la classe la plus basse sur Oneglia et Livourne. »

Il fallut pour tout conclure six semaines de grandes fatigues et ce fut avec un véritable soulagement que Sir Gilbert se retrouva au milieu d'une douce tranquillité à bord du

---

(1) Tunbridge Wells; 31 Mars: — J'ai reçu hier votre lettre du 4. Je me réjouis de grand cœur de vous savoir débarrassé d'un pareil tourment et d'une besogne aussi fastidieuse. Je ne puis concevoir rien de plus fatigant que les demandes continuelles de gens que l'on ne peut pas soulager, d'autant plus que dans une pareille foule on trouve forcément des personnes peu raisonnables surtout chez une nation qui n'a jamais pris la peine de réfléchir. Même dans le cercle restreint de mes connaissances, tous sans exception sont d'avis qu'à la fin de la guerre ils auront le *droit* de rentrer en possession de tous leurs biens et effets. Ils ne veulent pas entendre dire que cela est impossible et qu'on ne peut reprendre ce qui a été détruit ou subdivisé ; ils continuent à répéter que cela est juste et équitable. Je crains fort que cette nation damnée ne soit menacée de grands troubles dans l'avenir, même après que les guerres étrangères auront pris fin, et que les discordes civiles ne durent aussi longtemps que les vies de la présente génération. » Lady Elliot à Sir Gilbert.                    (Note anglaise du manuscrit).

*Britannia*, vaisseau portant le pavillon de l'Amiral Hotham, qui avait été chargé de le ramener vers la flotte en vue des côtes de Corse. « Rien ne peut être plus agréable que notre *manière d'être*, à bord de ce vaisseau. Nous sommes sur l'eau et nous allons à la voile et je suis encore assez grand enfant pour en être charmé; la brise est bonne, la mer est unie; nous nous sentons vivre, nous nous sentons avancer, sans avoir à craindre la moindre nausée : nous avons un beau soleil le jour et la nuit le croissant de la lune au milieu d'un ciel étoilé. Si je continue je finirai par vous convertir et vous me direz : « Tu m'as presque persuadé de devenir marin. » J'ai certainement vu la mer dans ses habits de fête, en venant dans la Méditerranée ; mais j'ai remarqué tellement de bon dans la vie de marin et j'ai trouvé l'ensemble et les habitudes de la marine tellement agréables, y compris cette vie en commun, que mes anciennes, répugnances à l'égard de ce métier (pour l'un de nos enfants) ont de beaucoup diminué.

« Les meilleurs des hommes ont toujours aimé le repos ; ils détestent prendre part à la bataille immonde, où l'âme s'aigrit et le caractère devient de jour en jour de plus en plus haineux et irritable. »

Ainsi pensait Sir Gilbert, mais, à cette période de son existence, il fut plus souvent destiné à pêcher en eaux troubles qu'à flotter sur une mer unie.

En regagnant la flotte, il trouva que les relations entre les commandants de terre et de mer s'étaient modifiées en mal. San Fiorenzo avait été pris le 17 Février; les Français en étaient réduits à leur dernière place forte, la ville et la forteresse de Bastia. Lord Hood désirait donc attaquer cette ville, la plus importante position de l'Ennemi, avec les forces combinées de terre et de mer. Le général Dundas cependant considérait le plan qui lui était proposé par Lord Hood comme impraticable et refusait sa coopération, à moins d'être préalablement renforcé par 2,000 hommes de Gibraltar.

A Lady Elliot.

« Saint-Florent, 13 Mars 1794.

» Un changement considérable a eu lieu ici. Lord Hood et le général Dundas n'ont jamais été bien d'accord. Depuis leur arrivée en Corse, leurs dissensions n'ont fait que croître et le résultat en a été la retraite du général Dundas. Il a mis à la voile hier. »

» 14 Mars. — Le différend entre Lord Hood et le général Dundas avait pour origine une aversion réciproque et une incompatibilité d'humeur. Aucun des deux ne me parut jamais disposé à éviter les conséquences d'un pareil état de choses, en s'imposant une contrainte quelconque, ou en tâchant de tirer parti l'un de l'autre. La brèche continua donc à s'élargir de plus en plus. Des inconvénients ont résulté du défaut de communications et d'accord et le service en a incontestablement souffert... La cause véritable de la rupture finale c'est que Lord Hood est extrêmement vif et entreprenant, tandis que le général Dundas a au contraire pour qualités la circonspection et la lenteur. Ce dernier paraît toujours prêt à abandonner la partie, au lieu de l'engager, et il n'a ni la vigueur, ni l'activité nécessaire pour un commandement actif. Lord Hood se trompe peut-être dans l'autre sens ; il peut ne pas voir les difficultés ou ne pas en faire assez de cas ; mais il me semble que ce sont des fautes profitables à la guerre où l'activité et la hardiesse sont généralement favorisées par la crainte inspirée aux ennemis et réussissent, bien que souvent on ne puisse pas raisonnablement l'espérer. J'ai appris que la crainte est un principe plus général et plus dominant que je ne le croyais jusqu'ici. Elle a pour effets constants de diminuer vos propres avantages et d'accroître ceux de l'Ennemi ; c'est comme un brouillard qui vous rapetisse vous-même et qui fait paraître les objets à distance plus grands que la réalité. Si les opérations militaires étaient plus fré-

quemment calculées d'après la crainte inspirée à l'Ennemi
plutôt que d'être basées sur celle éprouvée par nous-mêmes,
je suis convaincu qu'elles réussiraient plus souvent.

» On a presque eu recours à la violence pour décider le
général Dundas à tenter quoi que ce soit ici et il n'a réussi
que grâce aux efforts extraordinaires de la marine. Ayant
pris Saint-Florent, il refuse maintenant d'attaquer Bastia,
projet dit-il aussi téméraire que chimérique, étant donné
l'état présent de nos forces. Lord Hood offre de prendre la
place en trois semaines. C'est à ce sujet que le différend entre eux en est arrivé à des extrémités. »

L'officier le plus ancien qui, après la retraite du général
Dundas, devint par cas fortuit commandant en chef, n'était
absolument pas à la hauteur de sa situation. Toute opération militaire aurait donc été tentée en vain avant qu'on l'eût
remplacé d'Angleterre; c'est ainsi que l'on perdit cinq ou six
semaines de la belle saison, laissant aux Français le temps
de fortifier leurs ouvrages. Le Colonel Moore (1), « jeune
homme entreprenant » qui commandait en second, aurait,
pensait-on, mené à bien l'entreprise, s'il avait été livré à lui-
même.

« L'idée de s'arrêter net », écrivait Sir Gilbert « et d'abandonner la partie en Corse, après l'avoir engagée, me cause
énormément de peine. Un pareil acte, venant immédiate-
mente après l'évacuation de Toulon et exposant nos amis
corses au même sort que les Toulonnais, nuirait sérieuse-
ment à notre réputation au point de vue militaire comme à
tous les autres. »

« Saint-Florent, 28 Mars 1794 (2).

» Cette longue inaction me pèse réellement et m'empêche

---

(1) Plus tard Sir John Moore.
(2) A Lady Elliot.

de jouir en entier des charmes du pays et du climat. Je partage mon temps entre la flotte et l'armée, le *Victory*, avec lequel j'ai surtout à faire, se trouvant dans la Baie de Mortella à trois on quatre milles environ de la ville. Baie de Mortella signifie baie de Myrte et tire son nom, sans aucun doute, des myrtes qui poussent en quantité sur ses bords, comme nous dirions dans le Teviotdale Maison des Genêts on Côte des Fougères. Dans ce pays les plantes sauvages consistent en myrtes et en arbousiers et les champs sont couverts de jacinthes (1) dont les tiges ont souvent trois pieds de haut et sont aussi grosses que des cannes. La plante qui domine est une bruyère qui atteint la hauteur d'un arbuste et dont les fleurs ont le parfum de celles de l'amandier. Non seulement les collines et les vallées sont généralement belles, mais on y trouve de nombreuses perspectives aussi saisissantes que sauvages, provenant du caractère rocailleux des hautes terres. Le Colonel Moore a son camp dans une situation des plus pittoresques ; son lit se compose d'un peu de paille libre recouverte de foin des prairies ; c'est là qu'il a dormi tout habillé depuis notre arrivée à Saint Florent, faisant généralement dans le cours de la nuit un tour d'un mille ou deux ; il aime son métier et, de même que tous les services que l'on rend à sa maîtresse sont agréables, il supporte de bon cœur tous les désagréments.

Ce que j'ai vu de l'Armée ne saurait me réconcilier avec cette carrière et j'aurais toujours regretté que Gilbert l'eût embrassée étourdiment. C'est inutilement que l'on aurait gâché de si belles qualités. A tout prendre, je préfère la mer. Le métier de marin est infiniment plus viril ; tout y est vie, tout y est action tandis que sur terre on ne trouve qu'indolence et que tranquillité.

---

(1) Asphodèles. (*Erbucci*).

« Le pays est très beau. Je suis allé l'autre jour voir la route, par laquelle on a monté des canons au sommet d'une colline élevée afin d'attaquer la batterie française, située sur les hauteurs de Fornalli (sic). Le Général Dundas et bien d'autres prétendaient qu'il était puéril de parler de placer des canons là haut; réellement le fait paraît impossible. Mais le capitaine Cook de la marine fit monter avec deux cents marins quatre pièces de dix-huit et deux mortiers et en deux jours la batterie ouvrait le feu; si l'on n'avait pas agi ainsi nous n'aurions pas pris Saint-Florent. Sur une distance d'un mille environ, le sol est très accidenté et escarpé, bien plus que ne le sont les verts rochers (1), conduisant de la nouvelle pièce de terre près du moulin au château ; les rocs et les taillis y sont bien plus nombreux. On a attaché de grosses cordes autour des rochers ; puis on a adapté à ces cordes les plus fortes poulies et les plus puissants palans que l'on emploie à bord d'un vaisseau de guerre. Les canons furent posés sur des traîneaux à l'un des bouts des palans et les hommes descendirent la colline en tenant l'autre bout. La surprise de nos amis, les Corses, égala à cette occasion celle de nos ennemis, les Français. La batterie joua durant quatre jours contre la redoute française placée sur les hauteurs de Fornalli, avant que celle-ci fût prise d'assaut; pendant ce temps, le capitaine Cook, les marins et divers officiers et soldats dormaient dans des trous au milieu des rochers. »

La période d'inaction touchait à sa fin. Le nouveau commandant en chef le général Stuart, nommé en remplacement du général Dundas, arriva en vue de Saint-Florent dans les derniers jours de Mars ; la première impression qu'il fit sur ceux avec lesquels il devait coopérer fut des plus favorables; aussi pensa-t-on qu'il était l'homme de la situation. Dans le conseil toutefois, il envisagea comme son prédécesseur les

---

(1) Les rochers de Minto.

difficultés qui existaient au sujet de l'attaque de Bastia. Le résultat de cette divergence d'opinions entre les chefs des deux services fut que Lord Hood se décida à attaquer Bastia à tous risques avec ses seules forces navales. Le commandement des marins, employés aux batteries, fut donné à Nelson (1). »

La lettre suivante de Sir Gilbert à Lady Elliot est datée du *Victory* au large de Bastia.

« 7 Avril 1794.

» Je n'aurai probablement pas la possibilité de vous voir avant l'hiver. Quand je songe à la rapidité de la vie, quand je considère les nombreuses tranches qui sont taillées dans notre pain sans que nous puissions les avoir ou les manger, quand je pense que l'enfance de nos enfants, qui est, en fait, la seule part de leur existence revenant aux parents, s'écoule sans qu'on en puisse jouir, je tombe dans un profond découragement.

---

(1) Nelson était profondément convaincu que la Corse, à ce moment, avait de l'importance pour la grande Bretagne; aussi non seulement il poussait Lord Hood dans la voie qui fut finalement suivie, mais il cachait même à son chef l'inégalité des forces qui se trouveraient opposées l'une à l'autre: « Quand je songe que j'ai été la cause de la reprise de l'attaque contre Bastia après que nos *sages* généraux y avaient renoncé, ne connaissant pas les forces de l'ennemi et s'imaginant qu'elles s'élevaient à plus de 2,000 hommes; que c'est moi qui, en débarquant, ai rejoint les Corses et avec la seule poignée de soldats de marine de mon navire ai poussé les Français jusque sous les murs de Bastia ; que, sachant que Bastia contenait plus de 4,000 hommes, chose que je ne me suis hasardé à dire à Lord Hood que maintenant, j'ai débarqué avec 1,200 hommes seulement et j'ai gardé ce secret jusqu'à la semaine passée, on peut facilement se rendre compte de ce que j'ai éprouvé durant le siège. » Lord Nelson à William Suckling, 7 Février 1795. *Dépêches de Lord Nelson*. Voir aussi une lettre curieuse de Lord Hood au général Dundas publiée dans une note à la p. 358 du Vol. I. des *Dépêches de Nelson*.

» J'aime véritablement la Corse, c'est à dire sa cause et ses intérêts. J'ai la réelle ambition d'être le fondateur de ce que je considère comme devant constituer son bonheur futur. Mon désir serait donc d'assurer, au nom de la Grande Bretagne, notre union avec la Corse, d'être dans cette île le premier représentant du gouvernement anglais, de préparer sa nouvelle constitution, de voir le navire bien lancé flotter au gré d'un vent favorable et de céder ensuite le gouvernail. Pour mener le tout à bonne fin un mois ou même un trimestre ne saurait suffire, mais cela ne se prolongera pas au delà du prochain hiver et peut-être même moins de temps suffira.

» Nous mîmes à la voile de Saint Florent le premier du mois et nous arrivâmes devant Bastia le lendemain matin. Je me rendis immédiatement à terre avec le colonel Villettes qui commande notre petite armée pour faire une reconnaissance. Nous atteignîmes l'endroit élevé que devaient occuper nos troupes et nous contemplâmes Bastia à nos pieds, jusqu'à en avoir l'eau à la bouche. C'est une ville qui a une belle apparence et la campagne des alentours est riche et pittoresque. Pendant ce temps la Flotte dépassait la ville et jetait l'ancre au Sud. Quand nous quittions le rivage pour rejoindre la flotte, nous eûmes l'honneur de recevoir le premier feu de l'Ennemi, sans en être atteint toutefois. Le lendemain je suis retourné à terre avec Lord Hood ; sa chaloupe, se faisant remarquer par une petite tente, fut saluée par une douzaine de projectiles qui passèrent autour de nous mais ne nous atteignirent pas. Lord Hood grimpa sur les hauteurs comme un enfant pour reconnaître le terrain sur lequel on devait installer nos batteries et reçut un corps de 1,400 Corses dont il fut charmé. L'ardeur qu'il déploie pour le succès de cette entreprise lui fait vraiment honneur, mais elle est réellement amusante. Les généraux, comme de paisibles bourgeois, ont décidé que rien ne pouvait être entrepris contre Bastia sans *toutes nos forces* (1). Cela ayant été arrêté après une longue et acrimonieuse guerre de papier, Lord Hood, poursuivant son idée dont rien ne peut jamais l'écarter, résolut de prendre Bastia avec la moitié de nos forces ; il avait heureusement le droit d'en disposer, puisque ce sont des soldats d'infanterie de marine servant à bord des vaisseaux. J'avais été tout le temps scandalisé de l'inaction des troupes et du défaut de vigueur des commandants ; aussi j'ai demandé à Lord Hood de vouloir bien me permettre de l'accompagner. Ici nous sommes à l'ouvrage et j'espère que nous réussirons. Le lendemain du jour où Lord Hood vint à terre, les troupes débarquèrent au nombre de 1,100 en dehors des marins. Vous ne saurez concevoir le courage des hommes, l'ardeur et l'enthousiasme des officiers de tous les grades dans cette affaire ; le désir de passer notre point sans le secours de ceux que nous avons laissés dans l'inaction à Saint Florent est si grand que, j'en suis sûr, la vue de nos amis au sommet des collines entre la place et Bastia alarmerait notre armée bien plus que le double des forces des ennemis.

« Les batteries vont bientôt être prêtes à ouvrir le feu. Après demain elles lanceront sur la ville des bombes et des boulets de vingt-quatre. Pauvres femmes et pauvres enfants ! Voilà le côté affligeant de ces opérations ; mais je compte qu'ils auront assez d'influence pour amener une capitulation et qu'ainsi la population aura plus de peur que de mal. »

---

(1) Le désaccord qui se produisit entre les deux branches de service fut vu avec mécontentement en Angleterre et se termina par le rappel de Lord Hood, mesure qui fut vue de mauvais œil par Sir Gilbert, par les officiers de la Flotte et surtout par Nelson. L'intempérance de langage était la seule faute qu'ils reconnaissaient dans leur ancien chef, et quand il fut remplacé par l'amiral Hotham, Nelson écrivait à Sir Gilbert que la perte de Lord Hood était une calamité pour le service. L'Amiral Hotham était un bon marin et un parfait gentilhomme, mais il n'était plus fait pour un service actif.

Pendant que continuait le siège de Bastia, Sir Gilbert reçut des dépêches d'Angleterre approuvant en termes flatteurs la part qu'il avait prise dans toutes les transactions qui avaient eu lieu au sujet de la Corse. En réponse à la proposition d'annexion de la Corse à la Grande Bretagne, M. Dundas déclara que le Roi accédait au désir « du général Paoli et des autres chefs Corses » à certaines conditions. L'une d'elles était que le pouvoir exécutif suprême, avec le commandement de l'armée et le droit de *veto* contre tous les actes législatifs, fût conféré à un gouverneur nommé par le Roi, portant le titre qui serait le plus agréable aux Corses. Quant aux principes sur lesquels devait être basée la constitution, M. Dundas laissa à Sir Gilbert les plus vastes pouvoirs (1).

Les dépêches n'indiquaient nullement quelle pouvait être la personne qui allait représenter le Roi en Corse, mais on y chargeait Sir Gilbert d'une nouvelle mission auprès des Cours d'Italie. « Rien », écrivait-il, « ne saurait être plus flatteur que le ton et le contenu de toutes ces dépêches, mais la mission italienne me met sur les épaules des affaires d'un grand poids (2). »

L'idée de confier à Sir Gilbert cette nouvelle mission qui avait une importance considérable et qui « comportait la surveillance générale des affaires politiques dans la Méditerranée (3) » semble être provenue de l'impression très favorable produite sur les Ministres Anglais et particulièrement sur Lord Grenville par la correspondance de Florence de Sir Gilbert. Durant son séjour dans cette ville il avait pris à tâche de connaître aussi complètement que possible, les vues

---

(1) Dépêche du très honorable Henri Dundas à Sir G. E. 31 Mars 1794.

(2) S. G. Lady E. Victory. Au large de Bastia, 7 Avril 1794.

(3) « Je vois », écrivait Lady Elliot, « que vous devez être le Mentor des Ministres étrangers en Italie. »

des Cours Italiennes sur la conduite générale de la Guerre. Une lettre privée adressée à M. Dundas avait donné le résultat de ses observations.

Au Très Honorable Henri Dundas.

« Livourne, 22 Février 1794.

» Je ne puis pas savoir quelles sont les mesures que prennent actuellement ou qu'ont prises, à propos des affaires d'Italie, ceux des alliés qui sont les plus intéressés à sa sécurité. Mais j'espère, d'après tout ce que j'entends, que l'on comprend parfaitement l'importance de ce sujet et que l'on se prépare en conséquence.

» Je crains seulement ce très grand danger de toutes les affaires humaines d'être un peu en retard, surtout là où la Cour de Vienne est en jeu.

» On avait l'habitude de dire du vieux Cabinet Français que l'horloge de Versailles était toujours *en retard d'une semaine*. Quels que soient les défauts de la présente horloge de Paris, le retard ne saurait être compris parmi eux. Aussi est-il essentiel de donner un peu d'avance à toutes les autres.

» J'ai songé souvent et je sais que telle est l'opinion de bien des hommes plus capables que moi, qu'une ligue permanente des Etats Italiens pour leur défense mutuelle aurait été une grande sauvegarde non seulement pour ce pays lui-même mais encore pour la paix de l'Europe. Le besoin s'en fait particulièrement sentir en ce moment-ci. Il n'y a pas un gouvernement en Italie qui ne soit alarmé à la double idée de l'envahissement de son territoire et de la perturbation de sa tranquillité intérieure; cependant on en trouve difficilement parmi eux qui soient préparés ou même disposés à faire une démarche pour leur défense. Cela n'aurait pas eu lieu s'il avait existé avant ce jour un système établi pour obvier à ce danger, organisation qui aurait été prête pour l'action et qui aurait fait disparaître toutes les petitesses de la police et de la politique de ces petites cours.

» La Toscane paraît être un bel exemple de la faiblesse Italienne. Le pays est extrêmement riche et très peuplé. Les membres du gouvernement sont convaincus que l'entrée des Français en Italie va à la fois ruiner et dévaster le pays et renverser le Grand-Duc ; et cependant ils semblent décidés à ne chercher leur sûreté que dans la plus abjecte prostration devant l'ennemi, sachant parfaitement que la prostration ne saurait les protéger, alors que le pillage de leurs villes et de leurs églises est une telle provocation pour un pareil ennemi.

» Dans le cas où l'on jugerait utile d'organiser, du moins pour le moment, une confédération en Italie, je crois que la mesure pourrait aboutir et si nous sommes établis en Corse, je compterai bien plus encore sur l'influence de la Grande Bretagne pour traiter l'affaire. Je soumets simplement cette idée à votre considération sans oser vous la recommander formellement ; j'avoue toutefois que je l'ai souvent présente à l'esprit. »

Dans l'une de ses dépêches sur le même sujet, il écrivait : « Une réunion de petits états ne peut se défendre contre l'agression d'une grande puissance qu'en recourant à une fédération ou en ayant foi dans le pouvoir et dans l'honnêteté des nations qui les soutiennent. » Pendant ses rapports avec la Corse et les Etats Italiens, Sir Gilbert fit tendre ses constants efforts à inspirer cette confiance dans la Grande Bretagne, en faisant bien voir « qu'elle avait le pouvoir et la volonté d'oser. »

La nouvelle des nouveaux pouvoirs qui lui étaient conférés fut trasmise à Sir Gilbert par Lord Grenville qui « partageait entièrement sa manière de voir sur les affaires d'Italie » et qui lui confia, en termes vraiment flatteurs, la mission « de travailler à la réalisation du grand projet de Sa Majesté, de confédérer les puissances italiennes en un système permanent de défense générale, » A la suite de ces instructions, Sir Gilbert retourna en Italie dans le courant d'Avril et y séjourna jusqu'à ce que la chute de Bastia eût mis la Corse entre les mains des Anglais.

L'irruption des Français sur le territoire de Gênes rendait urgente la nécessité d'une action décisive de la part des gouvernements italiens et surtout de l'Archiduc de Milan, auquel incombait le devoir de défendre la frontière d'Italie et d'arrêter les progrès des Français en Piémont. L'Empereur avait investi l'Archiduc Albert de pouvoirs plus étendus et Milan était dès lors devenu « le centre des affaires italiennes. » Ce fut donc à Milan que se rendit Sir Gilbert. La réception qu'il y trouva fut des plus courtoises. L'Archiduchesse, pour flatter ses sentiments nationaux, portait sur son éventail le portrait de Sa Majesté. L'Archiduc accueillit de grand cœur, au nom de l'Empereur, un plan général de défense des Etats Italiens et la coopération avec la Sardaigne, mais, quand le moment arriva de passer des généralités à des actes particuliers, il manqua évidemment de vigueur.

« L'Archiduc est un homme habile, capable d'une grande attention et très zélé, mais il est gêné dans ses actions par le contrôle jaloux du Gouvernement Autrichien. S'il doit à chaque instant s'adresser à Bruxelles ou à Vienne, en présence d'un ennemi qui serait guillotiné au cas où il attendrait des instructions, la lutte n'est pas égale. L'autorité personnelle fait défaut aussi bien que les forces propres. Si l'on pouvait persuader à l'Empereur d'investir l'Archiduc des moyens d'agir nécessaires, celui-ci serait en état de faire beaucoup. » Mais la jalousie et la méfiance, qui ont été toujours au fond de la politique autrichienne, paralysaient toute action et, aux jours de l'Archiduc Albert comme à ceux de l'Archiduc Maximilien, le cabinet de Vienne faisait continuellement le jeu de l'Ennemi. Le représentant de leur propre autorité n'était pas le seul objet de jalousie, car Sir Gilbert observa que l'Archiduc était évidemment porté à laisser la Sardaigne profiter des rudes leçons de l'expérience avant d'aller à son secours.

« En réponse à une autre question, l'Archiduc admit que le Piémont ne pouvait pas se défendre à lui seul et que les troupes autrichiennes auraient été obligées d'avancer quand l'Ennemi serait parvenu devant Coni. Il reconnut l'état désespéré du Piémont et les fatales conséquences qui résulteraient de la perte de ce pays pour le reste de l'Italie. « Mais il parut se borner à s'excuser et à accuser le Roi de Sardaigne. » Sir Gilbert quitta Milan avec la ferme conviction que là on n'aurait rien fait d'assez décisif pour détourner les désastres qui menaçaient l'Italie.

Il écrivait de Toscane dans une lettre privée : « Les dispositions de ce peuple sont un baromètre sur lequel nous pouvons nous régler pour connaître les progrès des Français. A l'heure actuelle les antiques vertus se font rares dans les cabinets. Je remarque que le courage et le danger sont assez portés à être en raison inverse l'un de l'autre, ou, comme les personnages d'un baromètre hollandais, à se trouver rarement chez eux ensemble. Le courage est la dame qui sort par un beau temps et qui garde la maison quand il fait mauvais. »

Il ne visita ni Rome, ni Naples; mais des deux puissances purement italiennes on avait encore moins à espérer que des états demi-autrichiens. Dans l'Italie Méridionale il n'y avait ni commerce, ni culture, ni industrie; les gouvernements de Rome et de Naples bornaient leur administration intérieure à des règlements de police que personne n'observait. On disait que le Roi de Naples perdait annuellement 6,000 sujets à la suite d'assassinats (1) : et à ceux qui lui faisaient ob-

---

(1) Lady Hamilton disait à Lady Malmesbury à Naples en 1792 que dix-huit assassins avaient vécu dans la Cour de Sir W. Hamilton pen-

server que la peine capitale, infligée à des assassins reconnus coupables, pouvait seule mettre un terme à cette quantité d'homicides, il répondait que dans ce cas il en aurait perdu 12,000 au lieu de 6,000. Le passage suivant d'une lettre écrite de Rome, a une époque postérieure, peut donner une idée exacte de l'impression produite sur un observateur intelligent par la condition des Etats Pontificaux, alors que le Pape n'était pas encore prisonnier au Vatican et avant que les armées de France eussent profané le patrimoine de Saint-Pierre.

» Les Etats du Pape sont aussi prêts de s'éteindre que lui-même. Sa puissance et la bigoterie du peuple peuvent seules les empêcher une révolution de se produire dans les vingt-quatre heures. Le pays est très beau et apte à la culture ; c'est pourtant un désert, par suite des injustes et absurdes restrictions apportées aux finances. Il n'existe aucun intermédiaire entre le rang de prince et celui de cordonnier et les habitations sont des palais ou des cabanes. Aucune sorte de commerce et point d'argent; on paie 18 pour cent pour l'or et l'argent et l'on ne peut écouler du papier que moyennant de fortes sommes. Le Pape cependant fait de grandes annexes au Vatican ; il a déjà ajouté deux vastes salles remplies de statues. L'un des traits les plus frappants de cette ville est la tranquillité absolue qui y règne. En un mot, on n'y fait rien et, chose bien plus étrange et inusitée en Italie, on n'y parle point (1). »

La principale difficulté, pour ceux qui essayaient de liguer les puissances italiennes dans l'intérêt de leur propre défense, consistait dans l'absence d'une classe moyenne dont on eût

---

dant le printemps, jusqu'à ce que le Roi eût demandé à les faire arrêter; la lutte entre eux et les *sbirri* dura trois heures et Lady Hamilton entendait tout. On en tua deux avant de pouvoir prendre les autres.

(1) Lady Elliot à Sir Gilbert, Rome. Août 1795.

pu espérer plus d'énergie et d'activité que « des princes »
plus de patriotisme et de lumière que des « cordonniers ».
Les Italiens n'avaient pas non plus d'aristocratie dans le sens
anglais. La différence qu'il y avait entre la classe gouvernante
d'Angleterre et les nobles égoistes et dissolus d'Italie était
celle qui existe entre une tête et une perruque. Ils avaient
des manières agréables, une certaine, culture et du raffinement, boucles à leurs perruques, mais la puissance d'esprit
et la force de caractère, qui sont les éminents produits de la
vie publique, leur faisaient défaut.

Après six semaines passées en Italie, Sir Gilbert en arriva
à la conclusion générale « que la grande difficulté dans le
projet de fédération consistait dans le caractère des hommes
qui tenaient le premier rang en Italie. Habitués à gouverner
en tâtonnant, ils reculent devant la responsabilité d'adopter
une politique audacieuse et originale. Habiles dans les petites
occasions, ils sont sans énergie dans les grandes. Leur expérience en administration et leur finesse naturelle les rendent
capables d'écrire des dépêches admirables, mais quand il faut
agir, ils sont naturellement portés à temporiser et à ne rien
faire. »

Il fut convaincu plus que jamais par ces observations de
l'importance de la Corse pour l'Angleterre, comme lui donnant une position dans la Méditerranée d'où elle pouvait par
ses flottes encourager et protéger ceux qui avaient le plus
besoin de soutien et, par ses conseils, les habituer à avoir
en politique des vues plus vastes et plus mâles que celles
auxquelles ils étaient portés. « La petitesse infinie, la ténuité
de la politique italienne », écrivait-il, « d'une extrémité de
la botte à l'autre, est en vérité fatigante pour nos yeux et il
nous est difficile de la manier de nos doigts grossiers. »

Quoique la Cour Papale ne fût pas de celles auprès des-
quelles il était ou pouvait être accrédité, des relations officielles avec elle étant contraires aux Lois, on communiquait

toutefois indirectement, par l'intermédiaire de M. Hippesley et l'on peut se rendre compte par cette phrase, contenue dans une de ses dépêches (1), de la réserve qu'apportait Sir Gilbert dans ces communications. « En traitant avec la Cour de Rome il faut avoir bien plus de prudence qu'avec une tout autre cour. J'ai eu l'occasion de remarquer en effet que sa politique consiste à amasser diligemment de petits matériaux pour les employer avec habilité à de grandes fins. »

Sir Gilbert trouva incontestablement « cette occasion » dans la correspondance ci-dessus relatée, correspondance qui fut abandonnée pour un certain temps, à la suite du refus d'Elliot d'engager des pourparlers officiels avec Rome, et qui fut reprise par un long mémoire de M. Hippesley. On y déclarait que de libres relations existaient déjà entre les deux gouvernements et l'on donnait comme preuves les transactions des agents d'approvisionnement et d'autres actes du même genre. Le mémoire s'étendait longuement sur la réception faite en Angleterre à Monsignor Erskine qui s'y était rendu soi-disant pour des affaires personnelles mais qui, en fait, avait été envoyé par le Pape pour sonder les sentiments du Gouvernement et du peuple anglais sur le but que l'on poursuivait. On donna l'assurance à Sir Gilbert qu'il y avait encore quelques hésitations en la forme, mais que le fond de la proposition du Pape avait été déjà accepté ; on avançait, à l'appui d'une pareille allégation, les marques de courtoisie habituellement données par les hommes d'Etat Anglais aux membres distingués des Cours Etrangères.

Un dîner chez M. Pitt, auquel avait accidentellement assisté un ministre étranger, une entrevue avec Lord Grenville au ministère et non à sa résidence privée, quelques paroles

---

(1) Au Duc de Portland. Bastia, 23 Septembre 1794. Voir Bulletin. *Correspondance de Sir Gilbert Elliot avec son Gouvernement.* v. I, p. 17.

gracieuses prononcées par le Roi, le défaut de manifestation hostile, de la part de la foule, étaient des circonstances énumérées pour indiquer les dispositions favorables de l'Angleterre. Sir Gilbert répondit à cette pièce en relevant avec brusquerie le caractère irraisonnable de la communication.

» Je ne puis m'empêcher d'être étonné en voyant des hommes sensés tels que vous, Erskine et, je puis le dire, le Pape et le Cardinal Secrétaire d'Etat considérer comme de sérieuses preuves de succès, pour le but que vous poursuivez, de petits bouts de conversation et des incidents sans importance aussi étranges, aussi détournés, aussi insignifiants. Les autres, n'ayant jamais connu que la manière italienne de négocier et d'apprécier les faits, n'ont pas eu le temps d'apprendre la méthode anglaise, et vous, mon cher Hippesley, vous devez l'avoir oubliée si vous supposez que tous ces faits sans valeur signifient quoi que ce soit en Angleterre.

» . . . . . On ne rechercherait guère à Londres la conversation d'Erskine si on la croyait remplie de pièges pour saisir au passage des mots irréfléchis et pour les torturer ensuite de manière à y trouver un dessein qui n'y est point exprimé.

» On pourrait en dire de même de tous les petits matériaux que vous avez pris l'inconcevable peine de ramasser à ce propos. Si, à la suite d'une proposition directe dans ce sens, le Gouvernement pense en Angleterre qu'il est bon d'entrer en communication avec Rome, cela aura lieu ; mais je connais assez la manière de voir des Anglais pour être convaincu que tous les invisibles fils de fer que vous accrochez à leurs manches ne les feront point avancer d'un seul pas. »

Dans une dépêche au Duc de Portland, après avoir longuement décrit la pression qui avait été exercée sur lui-même et sur les autres agents diplomatiques d'Angleterre pour obtenir le resultat désiré, il résume la question ainsi qu'il suit :

« Quant à la question d'ouvrir avec Rome des relations officielles, il est impossible de l'envisager sans tenir compte de certaines considérations extrinsèques (1) etc..... »

## II.

Les nouvelles de la reddition de Bastia et de la convocation de l'assemblée générale de l'Ile de Corse à Corte pour le 1er Juin parvinrent à Sir Gilbert à Florence vers la fin de Mai et le rappelèrent en Corse (2).

Le 30 Mai nous le voyons écrire ainsi de Bastia à Lady Elliot : « L'expédition contre Calvi aura lieu dans quelques jours. Cette garnison-ci était très forte en effectif. Au moment de la reddition il restait environ 3,500 hommes, tous de troupes régulières, bien plus beaux, mieux habillés et d'aspect plus militaire que je n'aurais voulu les voir. On les a attaqués avec 1,100 hommes seulement consistant en grande partie en soldats d'infanterie de marine et 200 ou 300 marins. Le succès de cette affaire fait grand honneur à ceux qui y ont contribué. Le blocus du port a été incontestablement le moyen le plus puissant pour réduire la place qui manquait totalement de vivres au moment où elle s'est ren-

---

(1) Au Duc de Portland, Bastia, 24 Septembre 1794. Voir Bulletin. *Correspondance de Sir Gilbert Elliot avec son Gouvernement.* Vol. I, p. 30.

(2) Lors de sa seconde visite à Florence, Sir Gilbert rencontra dans cette ville ses anciens amis Lord et Lady Palmerston avec leurs enfants. Parmi ces derniers, il remarqua surtout « Harry âgé de neuf ans. Il parle très bien le Français et l'Italien et il a probablement une connaissance complète de ces deux langues; mais il n'a pas encore commencé le Latin. »

due. Je suis heureux qu'il n'y ait pas eu beaucoup d'habitants tués et que la ville n'ait pas éprouvé des dommages considérables, si ce n'est à la partie extrême près de nos batteries.

» Je puis dire avec satisfaction que tout semble marcher pour faciliter la réussite de nos affaires et, ce qui ne me charme pas moins, est de savoir qu'il n'en aurait pas été de même dans d'autres mains.

» Il est aisé de bien diriger, mais il est aussi facile de tout gâter; le mal que peut faire en ce monde une légère bêtise est surprenant. Je jouis de la confiance entière de ce peuple et les points principaux sont arrêtés entre nous. La *Consulta* va se réunir le huit; j'espère que, lorsque vous recevrez cette lettre, j'aurai placé un joyau de plus dans la couronne de Sa Majesté et qu'il n'y aura plus ici que des concitoyens et des sujets d'un même roi. Je crois fermement que ce changement sera avantageux pour les deux pays et j'ai la conviction qu'il le sera pour la Corse. Il est impossible qu'une conquête ait lieu dans des circonstances plus agréables et par des moyens plus charmants; elle a été amenée en effet en grande partie par la confiance placée dans notre caractère national, non seulement du consentement, mais même à la vive requête du peuple et elle contribuera, je l'espère, au bonheur réel de celui-ci. »

Le 21 Juin 1794, dans une Assemblée Générale tenue à Corte, le Général Paoli, au nom du peuple corse, offrit la couronne de Corse à Sa Majesté le Roi de la Grande Bretagne, représentée par Sir Gilbert Elliot son Ministre plénipotentiaire.

Cet acte définitif qui unissait la Corse à la Grande Bretagne avait été précédemment voté avec enthousiasme par l'assemblée dans laquelle « quoique les propriétaires fonciers fussent seuls électeurs, tout homme sans exception avait pris part au vote. » On nomma un comité pour préparer les articles de l'union.

Dans le registre de l'année 1794 se trouvent tous les papiers d'Etat qui furent produits à ce moment par les plénipotentiaires du Roi de la Grande Bretagne d'une part et de l'autre par les autorités Corses. Comme aujourd'hui ils ont peu d'importance, au point de vue biographique aussi bien qu'au point de vue politique, ils ne sont pas insérés ici. Les impressions de Sir Gilbert sur les paysages de l'Ile et sur les mœurs et coutumes de ses nouveaux concitoyens, librement communiquées dans ses lettres à Lady Elliot, ont bien plus d'intérêt.

« Corte, 10 Juin 1794.

» Ici une grande partie de la route traverse des forêts de châtaigniers dont plusieurs atteignent la hauteur de nos vieux frênes et dont quelques-uns ont au moins trente pieds de circonférence. Les châtaignes sont la seule nourriture des gens du pays, de leurs cochons et de leur bétail. Nous avons en abondance des vallons et des ruisseaux et à chaque ouverture, des échappées sur la Méditerranée. C'est vraiment un séjour féérique et vous en serez charmée autant que moi. Le voyage a été tout aussi intéressant à d'autres points de vue; je suis venu ici comme représentant du Roi pour signer et sceller notre union et pour accepter l'offre volontaire de leur fidélité en retour de la protection que nous leur donnons. Il n'y a jamais eu d'acte de cette sorte approuvé de meilleur cœur par un peuple. Jeunes et vieux, hommes et femmes de toutes sortes et de toutes conditions sont pleins d'ardeur pour cette cause. Ma suite et mon équipage ne sont pas magnifiques; je suis moi-même, sur un bon cheval que m'a donné le Général Gentili; les autres sont montés sur des mules. Nous sommes accompagnés comme à l'ordinaire par un certain nombre de Corses, le fusil sur l'épaule, paysans qui sont relevés à chaque village, et par une escorte du 12ᵉ Régiment de Dragons Légers dont les beaux uniformes, vus pour la première fois dans ces montagnes, produisent au moins autant d'impression que Son Excellence. Nous avons été rejoints en route par des députés ou membres du Parlement, se rendant à cette fameuse assemblée, dans toute la simplicité de législateurs primitifs, sur leurs petites mules, avec leurs mousquets sur le dos et leurs petits portemanteaux attachés derrière eux. Nous avons reçu l'hospitalité sous toutes les formes, partout où nous sommes passés et nous avons eu là où nous avons couché des illuminations, des feux de joie et des décharges de mousqueterie. Nous avons dormi la seconde nuit dans un monastère dans le village où est né Paoli et où se trouve son petit patrimoine.

Hier, en approchant de Corte, j'ai trouvé un beau cheval fringant de Paoli sur lequel est montée Mon Excellence et c'est en chevauchant fièrement que j'ai fait mon entrée dans Corte à travers des députations de magistrats et bien d'autres encore et au milieu d'une foule d'hommes et de femmes qui grossissait à mesure que nous avancions. A notre arrivée des coups de canon tirés dans nos oreilles augmentèrent l'éclat de notre marche et j'entrai nue tête, saluant et caracolant comme Bolingbroke. Je rencontrai et j'embrassai le *Vieux Richard* sur la porte. La ressemblance toutefois n'était pas complète, car bien que je fusse une sorte de successeur, il recevait bien plus de Dieu le bénisse ! que moi et il aurait pu envoyer Bolingbroke dans le ruisseau sans l'aide du rouan Barbary (1). Ce même cheval avait jeté à terre Paoli le jour

---

(1) C'est une allusion à un passage du *Richard II* de Shakspeare, (Acte V, Scène V). Richard II, renversé par son cousin le Duc de Hereford et enfermé par lui dans le château de Pomfret en Ecosse, où il le fit bientôt assassiner, reçoit dans sa prison la visite d'un vieux serviteur qui lui apprend que, le jour du couronnement, l'usurpateur montait le rouan Barbary, le propre cheval du roi déposé, et celui-ci s'étonna que son fidèle coursier n'ait pas jeté par terre le maître de contrebande.

précédent et celui-ci a couru un réel danger, car il est âgé, très malade et assez lourd. L'Assemblée ou Consulte se réunit aujourd'hui, mais uniquement pour des questions de forme. Demain ou le jour suivant on commencera les affaires et, comme les élections nous ont été favorables, il n'y a rien à craindre. »

» Corte, 22 Juin 1894.

» J'ai été couronné Jeudi dernier 19 Juin et je vous envoie le discours de Ma Majesté qui a été prononcé en Français ; il a produit un royal effet sur mes nouveaux sujets.

» En fin de compte, comme dirait Gilbert, Georges III est roi de Corse.

» Il n'y a jamais eu de plus beau pays que cette partie montagneuse de l'Ile. C'est l'Ecosse avec un beau climat. Les cours d'eau sont rapides, rocailleux et cristallins. On ne saurait concevoir d'eau aussi absolument pure et d'une transparence aussi immaculée, irréprochable, parfaite que celle de la Restonica qui coule près de Corte. Ce cours d'eau se jette dans un autre presque aussi beau, non loin de *ma capitale*. L'eau de la Restonica est tellement limpide et tellement brillante que l'on peut la qualifier *d'eau précieuse* comme on le dit des *pierres précieuses*. J'avais entendu jusqu'ici parler de l'eau d'un diamant ; maintenant je la vois, car c'est réellement du diamant en fusion. Il n'y a aucune exagération de ma part, ainsi que vous le verrez quand vous viendrez. Quand on se promène le long des rives du torrent, l'air est parfumé par des plantes aromatiques suaves et pénétrantes. Je me pro-

---

Hereford régna sous le nom d'Henri IV et fut surnommé Bolingbroke, du château de Bolingbroke en Lincolnshire où il était né. On voit d'après cela que le vieux Richard n'est autre que Paoli et l'on comprend facilement le reste. (Note du Traducteur).

pose de passer les mois les plus chauds de l'été dans un endroit dominant les hauteurs au milieu des bosquets de châtaigniers. J'ai songé à choisir une belle situation et à bâtir un *palais d'été* ; ma première idée avait été de le construire en jaspe et porphyre ; mais comme vous n'êtes pas au courant des carrières de ce pays vous pourriez me taxer d'extravagance ; je crois donc que je serai moins luxueux et que je me bornerai à l'ériger en marbre ordinaire.

» Une députation de quatre gentilshommes a été désignée pour porter l'adresse de la Consulte à leur nouveau souverain à Londres. Ils sont tous très bien considérés ici. M. Colonna (1) appartient à une des familles les plus distinguées de Corse ; c'est un très beau specimen du gentilhomme campagnard d'Angleterre ou d'Ecosse. Galeazzi est un gentilhomme campagnard ayant une bonne fortune pour ce pays-ci ; il est très considéré, mais il n'est pas aussi représentatif pour la mission que Colonna. Pietri est un érudit et un très brave homme. Il a été le compagnon de toutes mes promenades à pied et à cheval et de tous mes loisirs depuis que j'ai quitté Bastia. Il a admiré avec moi ces spectacles qui me faisaient tant regretter votre absence et il était à mes côtés dans ces moments où je pensais tant à vous. Malgré la situation désavantageuse dans laquelle il se trouvait, il a su me faire passer le temps agréablement et j'aurais été bien en peine si je ne l'avais pas eu à ma portée. Nous avons lu Dante ensemble et causé un peu de philosophie et de littérature dans un pays très favorable pour de pareilles distractions. Je vous prie de remarquer, dans le cas où vous le verriez, s'il ne ressemble pas au Comte Hugolin de Sir Joshua. Malgré cette ressemblance et bien qu'il frise la cinquantaine, c'est un grand amoureux aussi sentimental que poétique. Il

---

(1) M. Colonna était l'un des six députés corses à l'Assemblée Législative de France.

m'a récité la mort du Comte Hugolin du Dante et j'aurais pu croire à la fin qu'il me racontait sa propre histoire. Il était aussi merveilleusement beau qu'horrible. Le quatrième, Savelli, est lui aussi un lettré ; il est très sensé, très fin, mais très modeste. J'espère qu'on leur fera un très bon accueil en Angleterre ; la saison toutefois leur est défavorable. »

Dans une lettre écrite à M. Dundas pour lui présenter les membres de la députation Corse, nous trouvons pour le première fois mention d'un nom que l'on rencontrera continuellement par la suite dans la correspondance de Sir Gilbert, celui de Pozzo-di-Borgo, avec lequel il venait de nouer des relations qui devaient se changer plus tard en une amitié que la mort seule devait faire cesser. « Voici une anecdote courante qui fait, à mon avis, autant d'honneur à la sagacité et à la prévoyance de l'homme auquel elle se rapporte qu'à son énergie et à son courage. Le 20 Juin 1792, Pozzo-di-Borgo, un des députés à l'Assemblée Législative, dit à l'un de ses collègues, Pietri, qu'il était dorénavant impossible de continuer à avoir des rapports avec la France et qu'il était convaincu que la Corse devait finir par s'unir à l'Angleterre. Le même jour il achetait à Paris une grammaire et un dictionnaire anglais et Pietri qui avait été en Angleterre et qui connaissait l'Anglais commençait à lui donner des leçons ; deux ans après, jour pour jour, il était le sujet de Sa Majesté et trouvait une occasion pour son Anglais. Quelques jours après, le 10 Août, ils quittaient tous Paris et parvenaient à grand peine à arriver en Corse en ayant préservé leurs têtes » (1).

_____

(1) Pozzo-di-Borgo, Corse de naissance et issu d'une noble famille, s'était fait remarquer dès le début de sa vie par ses qualités supérieures et par son esprit libéral. C'était un chaud admirateur de la Révolution Française dans les premiers temps et il fit partie de l'Assemblée Législative comme représentant de la Corse. D'après Lamartine, la vue des vertus et des souffrances de Louis XVI le transforma en l'un des soutiens de la monarchie constitutionnelle. D'accord avec Paoli, il chercha à déli-

Sir Gilbert passa l'été de 1794 à Corte et à Orezza; c'est
là qu'en communiquant entre eux tous les jours et même
toutes les heures, Elliot, Paoli, Pozzo-di-Borgo et les autres
chefs corses préparèrent la future constitution du pays.

« Orezza, écrivait-il, est la dénomination d'un district
où se trouvent les eaux minérales de ce nom. Le couvent où
je vais loger avec Paoli et d'autres personnages et hommes
d'Etat de ce pays, est à environ deux milles de la source. Il
est au centre des bois de châtaigniers dans une belle contrée
montagneuse ; son élévation est de nature à nous promettre
de la fraîcheur et nous avons en abondance des ombrages,
de l'eau et de la fougère. Le couvent, comme tous d'ailleurs,
est construit pour être incommode ; il n'y a que de petites
cellules et un vaste réfectoire. Je vais avoir deux des meilleures cellules et nous prendrons, tous, nos repas à une même
table qui sera servie par les domestiques de Paoli. Il est

---

vrer son pays du joug de ceux qui inauguraient le règne de la Terreur
en France. De concert avec Paoli, il offrit la couronne de la Corse au
Roi d'Angleterre, mais différent en cela de Paoli, il continua, pendant
l'occupation anglaise, à soutenir vigoureusement le Gouvernement. Lamartine parlant de Pozzo-di-Borgo à une époque plus avancée de sa vie
s'exprime ainsi : « Doué de l'extérieur le plus noble, de l'élocution la plus
pénétrante et la plus passionnée, des manières les plus simples et les
plus élégantes, militaire, diplomate, publiciste, homme de plaisir et
d'affaires tout à la fois, Pozzo-di-Borgo était placé par la seule attrac-
tion de sa nature supérieure dans la familiarité et l'estime de l'aristocratie anglaise et continentale. » *Hist. de la Rév.*, t. V, v. p. 203.
Il fut introduit dans la société de Londres et de Vienne par Sir Gilbert
Elliot qui, dès leur première rencontre, eut la plus haute opinion de ses
capacités et qui l'investit de toute sa confiance pour tout ce qui concer-
nait la Corse. Quand les Anglais eurent évacué l'Ile, Pozzo la quitta
pour toujours et partagea depuis la demeure et l'existence de son ami
aussi bien à Londres et à Minto qu'à Vienne, jusqu'au moment où quelques années plus tard, il entra au service de l'empereur Alexandre.
Jusqu'à sa mort il entretint des relations d'amitié avec ceux qu'il avait
connus en Corse au temps de leur enfance. On conserve à Minto un
nombre considérable de ses lettres.

habité par environ dix-huit moines qui vivront avec nous. C'est ici que nous nous proposons de rester aussi fraîchement et aussi tranquillement que nous pourrons et de préparer les lois futures de Corse. »

Les institutions représentatives étaient familières aux Corses. Chaque village aux maisons groupées comme des oiseaux de mer sur des rochers brûlés par le soleil, chaque hameau caché au fond des forêts et entouré par les *macchie* qui jouent dans l'histoire corse le même rôle que les Tarras-moss dans celle des Borders, chaque ville perchée comme une citadelle sur quelque haut rocher, avait ses élections annuelles dans lesquelles, en outre du Podestà et de la Municipalité, on désignait par le suffrage universel un représentant à l'Assemblée Nationale.

L'Assemblée (1) désignait également dans son corps les membres du Conseil Suprême (2) ainsi que les chefs civils et militaires de l'administration, c'est-à-dire le Président du Conseil et Lieutenant-Général du Royaume.

Rien de de plus démocratique que la forme et de plus autocratiques que les résultats. Naturellement et sagement, en présence de la situation de leur pays, les Corses usaient de leurs droits pour investir de l'autorité suprême l'homme qui avait gagné leur affection et leur confiance ; leur soumission était absolue à moins qu'on ne leur demandât de déposer leurs armes et de prendre leurs instruments de travail.

Mais l'autorité de ce chef bien aimé et né dans leur île allait être remplacée par celle d'un Gouvernement étranger ; le problème qu'il fallait résoudre était celui d'adapter le système constitutionnel existant en ce moment en Corse aux

(1) Les représentants composant l'assemblée étaient environ deux cents.

(2) Le Conseil Suprême restait en fonctions durant toute l'année, même après la séparation de l'Assemblée.

exigences de la nouvelle situation politique. Le premier objet poursuivi par les législateurs d'Orezza fut celui de donner une valeur réelle au corps représentatif.

La Consulte avait été beaucoup trop nombreuse pour pouvoir agir comme Assemblée Législative ; il fut donc décidé que l'on retirerait aux villages le droit d'envoyer des représentants au Parlement et que ce droit serait limité aux *Pieve* ou districts qui contenaient chacun plusieurs villages (1); que l'on ne serait électeur qu'à partir de l'âge de vingt-cinq ans et que pour être éligibles à la Consulte, appelée désormais Parlement, il fallait posséder une certaine fortune foncière (2). Enfin, comme dernière mesure, on décréta que les membres de la nouvelle Assemblée devraient se suffire à eux-mêmes et que l'Etat ne couvrirait point leurs frais. Cette innovation n'était pas de nature à devenir populaire ; car ce grand rassemblement à Corte avait toujours été une fête annuelle faisant accourir des *di là e di quà i monti* ceux que leurs occupations habituelles obligeaient à vivre dans les solitudes de la mer et des montagnes, leur procurant pour un jour une réjouissance publique et des fonctions politiques, tout en les défrayant de leurs débours ou dépenses.

En outre de ces changements dans les habitudes politiques des Corses, on introduisit dans la Constitution des principes tout à fait nouveaux pour eux. On convint que le pouvoir exécutif serait entre les mains d'un Gouverneur nommé par le Roi de la Grande Bretagne, portant le titre de Vice-Roi

---

(1) Le fait de limiter le droit de représentation aux *Pieve* n'était guère une restriction du droit électoral, car il était d'usage dans bien des districts que les villages cédaient aux *Pieve* leur droit d'élire un représentant à la Consulte Annuelle afin d'éviter aux petits propriétaires le grand inconvénient d'abandonner leurs travaux agricoles ; mais cette manière de procéder avait été toujours considérée comme un abus.

(2) En principe tous les Corses étaient propriétaires.

et investi des pouvoirs énumérés par M. Dundas dans la dépêche ci-dessus mentionnée (1) ; que ce Vice-Roi serait assisté dans l'administration civile par trois Secrétaires d'Etat
ou Ministres, dont deux seraient membres du Conseil Suprême et le troisième, un Anglais nommé par l'Angleterre.

Paoli avait toujours professé une admiration sans bornes
pour les institutions anglaises et Sir Gilbert, ainsi que la plu-
part de ses concitoyens de cette époque, était profondément
convaincu que le grand Etat qui seul avait su combiner la
liberté personnelle avec l'obéissance légale était le seul mo-
dèle que les autres nations pussent sûrement prendre. Assi-
miler la constitution de la Corse à celle de la Grande Bretagne fut donc le principe dirigeant de leur législation et ils
ne tinrent peut-être pas assez compte des différences qui
existaient, sur le rapport de l'âge, des dimensions et des conditions, entre les deux nations que Paoli appelait *sorelle*.
Telle fut la cause de certains essais de législation dont
l'exemple le plus frappant est l'institution du Jugement par
le Jury qui était une des clauses de la Constitution et qui
plus tard, fut aboli par le Parlement Corse, après qu'une année d'expérience eût prouvé qu'il n'était pas fait pour un
pays dans les conditions de la Corse.

« Depuis que Sa Majesté a accepté la couronne de Corse,
il n'y a pas eu un seul individu convaincu d'un crime, bien
qu'il se soit produit maints procès dans lesquels le crime
était établi de manière à ne laisser subsister aucun doute
sur la culpabilité de l'accusé. Ce triste état de choses provient d'une des particularités les plus remarquables et le plus
profondément enracinées du caractère corse ; je veux parler
de l'esprit de clan et des liens de parenté et d'amitié. Un
Corse est considéré comme un être infâme s'il ne venge pas
la mort d'un de ses cousins au dixième degré et il craint bien

---

(1) Dépêche de M. Dundas, 31 mars 1794.

plus le déshonneur de déclarer coupable son parent ou son ami ou le parent de son ami que celui de violer son serment comme juré. L'esprit public n'a aucune chance de l'emporter sur ce principe invétéré de la confédération privée. Le pays est tellement petit, les habitants, se mariant toujours entre eux, sont reliés les uns aux autres de tant de manières, qu'il est difficile de faire choix de douze hommes absolument dépourvus d'intérêt dans une cause quelconque (1) ».

L'état de la Corse en 1794 était pareil, à plusieurs points de vue, à celui des Borderers Ecossais au seizième siècle. Comme les Borderers, les Corses, tout en faisant cause commune entre eux contre la domination étrangère, étaient divisés en un nombre de clans en guerre les uns avec les autres, à la suite d'inimitiés héréditaires qui se transmettaient de génération en génération, chaque clan se composant de petits propriétaires et de gens dépendant d'eux : pour ceux-ci il était aussi incommode, au temps de la moisson, de se rendre à une Assemblée Nationale qu'il l'avait été pour des Scotts, des Kerrs et des Elliots de faire une incursion en Angleterre en un pareil moment. Parmi les gentilshommes on en trouvait qui possédaient un degré d'éducation et d'instruction relativement élevé, mais dans le peuple les habitudes d'ordre et de travail étaient généralement inconnues.

Ainsi que le Borderer, le paysan corse se contentait de vivre de fromages de brebis et d'un gâteau que l'Italien faisait avec des châtaignes et l'Ecossais avec de la farine d'avoine. Tous deux se sentaient méprisés s'ils ne possédaient un fusil et un cheval ; tous deux préféraient l'existence du berger à celle du laboureur, en partie par sentiment de dignité personnelle et en partie parce que l'homme ne se soucie pas de

---

(1) Lettre d'Elliot au Duc de Portland, Bastia, 26 déc. 1795. V. Bulletin, *Correspondance d'Elliot*, v. I, p. 325.

semer quand il ignore qui va récolter; tous deux enfin préféraient à tout genre de travail l'excitation de la bataille avec les rochers pour châteaux-forts et des endroits désolés pour assurer leur retraite.

Le parallèle vint à l'esprit de Sir Gilbert, car en 1802 quand Walter Scott publia l'Introduction à *son Border Minstrelsy*, il en adressa un exemplaire à Pozzo-di-Borgo, en lui faisant remarquer qu'il devait y trouver un état de choses qui ne lui était pas inconnu. Pozzo répondit que si la poésie était pour lui inintelligible, l'histoire était un *pays de connaissance*.

Mais les Borderers de l'Ecosse n'auraient pas pu lutter avec les Corses sur deux points qui constituaient les deux traits marquants du caractère de ces derniers : la soif générale des places et la vanité non moins générale qui faisait que tout homme se croyait lésé s'il n'était pas nommé.

« Il faut l'expérience que j'ai de la Corse pour avoir une idée de la libre carrière qu'ont devant elles les personnes qui veulent mettre à profit les mécontentements particuliers. Tout s'y prête, le caractère des habitants, aussi bien que l'état dans lequel se trouve ce pays à la suite de plusieurs révolutions.

» Les prétentions de tout Corse, noble ou non, sont poussées à un degré partout ailleurs inconnu. Non seulement on a, comme dans tous les autres pays, à lutter avec la vanité et l'égoïsme des gentilshommes, mais il faut ici tenir tête à une population entière. Pas un berger qui ne se reconnaisse le droit de dire qu'il a servi *la Patria* et qui ne croie mériter le rang d'officier dans les troupes corses ; pas un gentilhomme qui ne se considère comme négligé s'il n'a pas le commandement d'un bataillon. Malheureusement le pays ne possède aucune industrie et on ne connaît pas d'autre moyen d'arriver à la fortune que celui d'obtenir une place quelconque dans une carrière civile ou militaire. Comme il nous est impossible de salarier toute une nation ou même une forte partie de cette nation, nous sommes obligés, à notre grand désavantage, de mécontenter toute la masse des habitants (1) ».

Ramener des habitudes d'ordre et de travail dans une nation ainsi constituée et établir l'harmonie entre elle et ses nouveaux maîtres n'aurait jamais été une opération facile dans n'importe quelle circonstance ; mais en ce moment cette tâche était rendue doublement pénible par la négligence étrange des Ministres Anglais qui, pendant plusieurs mois après l'annexion, gardaient un silence absolu à l'égard de leur Plénipotentiaire aussi bien qu'envers la Législature qui avait voté leur suprématie. De Juin à Octobre, ils ne donnèrent aucun signe de vie, la Corse restant sans administration régulière pendant que les pouvoirs du Gouvernement étaient entre les mains de Paoli. Il était à prévoir que cet état de choses exceptionnel, prolongé sans raison, aurait de mauvaises conséquences et les événements qui suivirent n'allaient que trop justifier de pareilles appréhensions.

Dès le 12 Mai 1794, Sir Gilbert avait écrit de Milan une lettre privée à Monsieur le Ministre Dundas, qui l'avait laissée dans les bureaux du Duc de Portland, où il exprimait le désir de voir transmettre immédiatement en Corse des pouvoirs provisoires pour l'exercice de l'autorité exécutive, aussitôt que le traité aurait été conclu, afin d'éviter les inconvénients qui auraient pu surgir durant l'interrègne entre l'établissement et la mise à exécution du nouveau système.

On ne tint aucun compte de cette lettre et, le 7 Août, Sir Gilbert écrivait d'Orezza une dépêche au Duc de Portland pour l'informer que les inconvénients qu'il avait prévus ne s'étaient que trop réalisés.

----

(1) Elliot au Duc de Portland, Bastia, 31 juillet 1795. V. Bulletin, *Correspondance d'Elliot*, v. I, p. 212.

4

« Les affaires civiles ont, depuis le 19 Juin, subi nécessairement un retard considérable (1). »

« 6 Septembre 1794 (2).

» Je n'ai pas encore reçu ma commission. Ce retard aussi étrange que coupable dépasse tout ce qu'on peut imaginer. Il est impossible de décrire le mal qu'il a causé et qu'il cause encore. J'ai sollicité à ce sujet dès le mois de Mai et depuis le mois de Juin, j'ai surveillé l'arrivée de tout bateau et de tout cavalier, comptant chaque jour sur ce que j'avais le droit d'attendre. Rien ne marche ici, ni justice, ni impôts, ni aucune autre affaire et cet état de choses dure encore quand on aurait pu et on aurait dû le faire cesser, il y a près de trois mois. »

Le 16 septembre il écrivait de nouveau : « Je suis on ne peut plus étonné de la négligence injustifiable que l'on apporte depuis tant de mois dans les affaires de la Méditerranée. Les Corses ont supporté une pareille façon d'agir d'une manière étonnante. Il est impossible cependant qu'ils ne se soient pas sentis étrangement oubliés depuis leur union avec l'Angleterre. Voilà trois mois qu'ils ont donné la couronne au Roi et non seulement nous n'avons rien fait pour le pays dont nous avons maintenant le devoir de nous occuper, mais aucun membre du gouvernement du Roi ne leur a dit même *merci*. »

L'impatience de Sir Gilbert, à la suite du retard apporté dans l'arrivée de ses pouvoirs, était augmentée par l'éloignement de sa famille dont il était séparé depuis plus de temps qu'il ne l'avait imaginé au moment de son départ et l'on ne pouvait fixer aucun terme à cette séparation, tant que sa propre position n'était pas définitivement arrêtée. Aussi, ré-

(1) V. Bulletin, *Correspondance d'Elliot,* v. I, p. 122 et s,
(2) A Lady Elliot.

pétait-il dans ses lettres à sa famille et aux Ministres qu'il désirait sans doute achever l'œuvre qu'il avait commencée et établir les relations entre la Grande Bretagne et la Corse sur le pied sur lequel elles devaient être maintenues dans la suite, mais qu'il était décidé à ne pas rester en Corse un jour de plus que cela n'était nécessaire pour arriver à ce résultat. « Une fois que le Gouvernement sera organisé pour tout de bon, écrivait-il, on trouvera facilement des hommes compétents, marins ou militaires, qui seront prêts et aptes à le diriger; on ne doit pas s'attendre à ce que j'établisse ma famille dans ce pays ou à ce que je vive ici sans elle. » Mais, bien que ne désirant pas se fixer en Corse, Sir Gilbert voyait de nombreux avantages pour les plus jeunes membres de sa famille dans une résidence temporaire en Italie; il comptait lui-même visiter, en compagnie de sa femme, les trésors de l'art et les beautés de la nature qu'ils étaient tous les deux en état d'apprécier. Il avait été donc décidé, avant que Sir Gilbert quittât l'Angleterre, que Lady Elliot, avec ses six enfants, serait allée le rejoindre en Italie dans le courant du printemps de 1794; mais l'état du continent avait rendu jusque-là ce voyage impossible.

« Vous vous trompez, écrivait-il à Lady Elliot, le 14 septembre 1794, quand vous supposez que ma situation me permet de supporter l'absence plus facilement que vous. Vous avez tous les enfants et la société de ceux qui sont avec vous en communion d'idées ou de sentiments, du moins en partie. Ici il y a bien des gens dont j'aime les qualités, mais je n'ai personne qui me comprenne ou qui soit pour moi une compagnie en partageant mes goûts. Je me trompe — il y a quelqu'un — c'est M. Pozzo-di-Borgo qui est une compagnie pour qui que ce soit et ma grande ressource (1). »

_____

(1) Pendant tout ce temps, Sir Gilbert entretenait une correspondance sur les sujets les plus variés avec les Ministres qui représentaient Sa

Durant l'interrègne qui eut lieu entre le Gouvernement Corse et le Gouvernement Anglais, la situation déjà tendue fut rendue encore plus difficile par les intrigues du Pape qui, non content de soulever des prétentions sur la souveraineté temporelle de Corse, affectait de croire que sa suprématie spirituelle était mise en danger par l'intervention en Corse d'une Puissance Protestante.

On se basait, pour réclamer le temporel, sur des communications qu'aurait faites Paoli avant de s'adresser à la Grande Bretagne.

Réclamations et craintes furent écartées par Sir Gilbert de la manière suivante dans une lettre adressée comme précédemment à M. Hippesley.

« Croyez bien que nous n'admettrons jamais de prétentions sur la Corse, à moins qu'elles ne nous soient imposées par une force supérieure. Au sujet de la religion dans l'Ile, notre règle sera *de ne pas en avoir,* c'est dire que nous n'exercerons aucune contrainte sur les tendances naturelles du peuple là-dessus. On ne pourra pas dire que nous n'avons pas pour la religion les égards et le respect qui lui sont dûs.

» . . . . . Avant de quitter les prétentions sur la Corse, je dois dire que nous savons tous parfaitement que, dans les luttes de cette île contre Gênes d'abord et contre la France ensuite, dans ce combat livré par la faiblesse à la force, uniquement avec du courage d'un côté et de la puissance de l'autre, il n'y a pas de porte en Europe à laquelle, en pré-

---

Majesté auprès des Cours Italiennes, avec les Amiraux commandant la flotte, avec le Grand-Maître de l'Ordre des Chevaliers de Malte pour des approvisionnements, avec les Etats Barbaresques à propos de contestations survenues à la suite des prétentions des Corses sur certaines pêcheries de corail le long de la côte d'Afrique, avec l'Etat de Gênes pour ses droits sur la Corse. Mais comme ces lettres ne contiennent aucune question ayant un intérêt actuel, nous les laissons de côté.

(Note anglaise de l'auteur).

sence de la détresse et de la nécessité extrêmes dans lesquelles se trouvait son pays, Paoli n'ait frappé à un moment
quelconque ; mais, je vous en prie, le Pape lui a-t-il envoyé
une flotte et une armée pour le délivrer de la France et de
Gênes ? Et maintenant que nous l'avons fait et que le Pape
nous dit comme Scrub « Prenez-le et donnez-le moi » peut-
on conserver son sérieux devant un tel plagiat d'un écrivain
comique ?

» Quant aux dispositions que l'on a prises en Corse, en
matière de religion, je puis simplement vous dire, pour votre satisfaction privée, que mon unique ligne de conduite a
consisté à ne contrarier en aucune manière les tendances et
les vues du peuple lui-même et que tout ce qui a été fait à
ce sujet est son œuvre propre. Vous n'avez pas certainement
bien lu à Rome la Constitution de la Corse.

. » Il n'y est nullement question de réduction d'évêchés,
de paroisses ou de monastères ; il y est simplement dit que
sur ces points le Parlement de Corse se concertera avec le
Pape. Telle est la lettre de la Constitution qui est tout ce
que l'on connaît pour le moment ; ce n'est pas à moi de dire
quels seront les arrangements que le Parlement de Corse
jugera appropriés à l'état et aux ressources du pays. Je suis
persuadé toutefois que d'un côté on ne négligera pas les intérêts temporels et le bien-être de la nation et que de l'autre on ne portera aucune atteinte aux importants principes
de piété générale ou de la religion particulière qu'ils pro-
fessent.....

» Mais je n'ai pas une sympathie extraordinaire pour la
*chair* de ce pouvoir spirituel et je n'éprouverais pas une immense satisfaction si je voyais un pays pauvre payer pour
son organisation religieuse plus que ses moyens ne lui per-
mettraient, non pas dans le but de favoriser la véritable piété,
mais pour satisfaire des appétits charnels de Mère l'Eglise.
Vous citez le mot de Madame Coigny. « Ce sont tels et tels

*princes* qui font les démocrates. » Je ne connais pas de meilleur moyen de faire des athées que de voir des Papes réclamer, à l'époque actuelle, des souverainetés temporelles et d'imposer à d'autres contrées des charges et des embarras temporels, au nom de la religion.

» Mais n'ayez aucune crainte à ce sujet; car le Pape actuel n'est pas un faiseur d'athées et *le bois dont on en fait* ne croît pas en Corse. Grâce au ciel il y a dans cette île beaucoup de piété réelle et sincère et très peu de bigoterie. »

Le 1er Octobre 1794 (1), Sir Gilbert reçut d'Angleterre des dépêches l'investissant des pleins pouvoirs qui étaient nécessaires pour inaugurer en Corse le Gouvernement Vice-Royal. Le jour suivant, il écrivait à son parent, M. Elliot, une lettre qui montre combien il avait souffert du silence du Gouvernement.

» Bastia, 2 Octobre 1794.

» Mon Cher Elliot,

» Comme l'a dit Burke, à l'occasion d'une réconciliation plus difficile, mon acrimonie s'est adoucie depuis l'arrivée des dépêches qui ont mis un terme aux principales difficultés auxquelles j'étais en butte et depuis la nouvelle que Lady Elliot est en ce moment en voyage. J'ai été réellement poussé au-delà de tout ce qu'on peut communément supporter et, somme toute, quand s'y songe encore aujourd'hui, je ne crois pas avoir dit un mot de plus qu'il ne fallait (2). Le 12 Mai à Milan j'ai demandé ce que j'ai reçu hier 1er Octobre. Et depuis, en Juin, Juillet, Août, Septembre, Octobre,

---

(1) A la suite d'un retard provenant des légistes de la Couronne, la commission effective ne fut pas expédiée avant le mois de novembre.
(Note anglaise de l'auteur).

(2) Dans une lettre indignée qu'il avait écrite à M. E. peu de temps avant. (Note anglaise de l'auteur).

j'ai continué à insister à ce sujet. Les inconvénients et les dangers qui sont résultés de ce retard ont été immenses et ont augmenté de jour en jour. J'aurais pu et j'aurais dû recevoir le tout le 20 Juin. Je me suis fatigué les yeux chaque jour depuis le 19 Juin, je puis dire à toutes les minutes de chaque jour, à chercher des messagers sur les routes ou des cutters sur la mer. Le 20 Juin nous vîmes un homme à une grande distance venir à cheval vers nous ; je dis au Général Paoli que c'était probablement le messager, que dans le cas contraire nous pouvions compter sur son arrivée dans quarante-huit heures et que j'aurais parié ma vie qu'il serait arrivé dans une semaine. — Juin, Juillet, Août, Septembre. — A la fin le messager arriva et ne m'apporta rien. On me dit toutefois que l'on attendait le compte-rendu de nos actes pour préparer la commission et me l'adresser sans retard. En attendant je recevais une simple lettre m'autorisant à faire le nécessaire. Le compte-rendu de nos actes parvint à Londres le 14 ou le 15 Juillet. La lettre que je viens de recevoir a été expédiée le 15 Septembre — deux mois — et l'on avait toujours en main la commission.

» S'il ne s'était agi que de moi dans cette affaire, je suis sûr que j'aurais encore supporté. Mais, quand je vis qu'ils détruisaient ainsi tout ce que nous avions fait, se couvrant eux-mêmes de honte et nous la faisant partager, insultant ce peuple, négligeant les devoirs précieux qu'ils venaient de contracter; quand je vis que la République Française nous menaçait d'une invasion, que les Princes Français et le Pape intriguaient, que l'Italie entière nous regardait avec mépris, pendant que la Corse était maintenue dans l'état que nos ennemis pouvaient désirer; quand je vis toute l'ambition et même toute l'indigence d'un peuple qui se rongeait depuis quatre mois et qui s'adressait ardemment à moi pour du pain ou du gâteau que je n'avais pas à lui fournir, j'avoue que je finis par entrer dans un violent courroux, ainsi que

vous avez pu vous en rendre compte. Songez au nombre de
pauvres malheureux qui attendent littéralement du pain des
petits emplois à créer ici et qui ont finalement perdu environ un trimestre de la subsistance de leur famille, sans tenir compte des quatre mois d'angoisses qu'ils ont subis dans
l'incertitude et l'anxiété. — Durant tout ce temps en effet je
n'ai pas fait une seule promesse, faute d'une lettre ! N'ou-
bliez pas que le service public a perdu près de 10,000 livres,
le trésor n'ayant pas touché le quart de ses revenus environ,
faute d'un messager qui aurait coûté 80 livres. Tout cela
n'est rien à côté de tout ce que je pourrais dire avec justesse,
si je n'étais calmé par l'arrivée de Forster. »

La négligence absolue avec laquelle le Gouvernement Anglais traitait les affaires de Corse était d'autant plus étonnante
qu'à ce moment, en 1794, l'Angleterre n'avait pas d'établissement dans la Méditerranée à l'Est de Gibraltar ; et les commandants des forces navales pensaient que la possession de
la Corse était de la plus grande importance pour la protection du commerce anglais dans le Levant, ainsi que pour le
maintien de l'influence de l'Angleterre dans la Méditerranée (1).

_____

(1) « Plus je vois, écrivait Lord Nelson le 7 février 1795, les productions de la Corse, plus je connais ses ports commodes pour notre flotte
et plus je comprends la grande sagesse dont a fait preuve Lord Hood
en en prenant possession.... Après l'évacuation de Toulon, où aurions-
nous cherché un refuge pour notre flotte?... Tous nos vaisseaux mar-
chands et ceux de nos alliés sont obligés de passer près de la Corse
pour se rendre en Italie. L'ennemi aurait eu les ports de cette île rem-
plis de galères, et par suite du peu de vent qui règne le long de la côte,
nos vaisseaux de guerre n'auraient pas pu protéger le commerce... La
perte a été réellement considérable pour les Français ; tous les navires
construits à Toulon ont leurs flancs, leurs vergues, leurs ponts et leurs
mâts qui proviennent de cette île. Le pin de Corse est du plus beau grain
que j'ai jamais vu ; le goudron, la poix et l'étoupe, bien qu'à mon avis
le goudron de Norwège soit supérieur, étaient très employés sur les

La flotte de la Méditerranée, forte de 14 vaissaux de ligne, manquait d'hommes et d'approvisionnements; Sir Gilbert crut devoir en informer M. Dundas et insister sur l'urgence des mesures que l'on devait prendre à ce sujet.

« Je suis heureux de vous faire savoir (1). . . . . . . . . »

Durant tout son séjour dans la Méditerranée, Sir Gilbert eut l'entière confiance des commandants de la flotte. Lord Hood, Sir Hyde Parker, l'Amiral Hotham, Lord Saint-Vincent étaient constamment en communication avec lui au sujet des affaires politiques et ils avaient même l'habitude d'avoir recours à son zèle bien connu pour le service, toutes les fois que l'on pensait qu'il pouvait agir sur ceux qui dirigeaient le département de la marine en Angleterre. Avec Nelson il eut des relations encore plus intimes. Sir Gilbert avait prédit de bonne heure les résultats que l'on pouvait attendre du génie de Nelson, et Nelson de son côté répétait souvent dans les derniers temps que les idées de Sir Gilbert sur la politique que devait suivre la Grande Bretagne dans la Méditerranée lui avaient été d'un grand secours.

Les lettres que l'on a publiées jusqu'ici n'envisagent cette politique qu'au point de vue général et dans le but de mettre une barrière effective aux envahissements de la France dans le sud de l'Europe; mais Sir Gilbert n'était pas moins

---

chantiers de Toulon. » Presque en même temps que Lord Nelson écrivait ainsi de Corse, M. Elliot, écrivant de Londres à Sir Gilbert, s'exprimait en ces termes le 9 février 1795 : « L'empire de la Méditerranée est en ce moment une question de la dernière importance à la suite de la disette de blé. La dernière récolte en Angleterre, tout en paraissant abondante, a été trouvée insuffisante et les moissons en Amérique ont été tellement mauvaises que le blé y est en ce moment plus cher qu'en Angleterre. On croit que la Pologne n'en aura que pour sa propre consommation. En Sicile les récoltes ont été très bonnes et cette île est par conséquent l'unique grenier de l'Europe. » (Note anglaise).

(1) A Henri Dundas, Bastia, 11 nov. 1794, Voir Bulletin, *Correspondance de Sir Gilbert Elliot avec son gouvernement,* p. 60.

soucieux des devoirs et des responsabilités qu'avait assumés l'Angleterre quand, en acceptant la couronne de Corse, elle s'était engagée à protéger les droits et les libertés des Corses.

Dans une dépêche adressée de Bastia au Duc de Portland, à la date du 30 Décembre 1794, il discutait longuement les probabilités de la paix, la part que la Corse devait prendre à cet événement ainsi que les conditions auxquelles cette île s'était unie à la Grande Bretagne (1).

. . . . . . . . . . . . . . . . . .

Comme une conséquence de l'arrivée des Whigs au Ministère, le Duc de Portland prit possession des sceaux de Ministre des affaires Intérieures et M. Dundas devint Ministre de la Guerre (2) ; mais ce changement n'amena aucune vigueur nouvelle dans l'administration du Département de la Guerre.

Dans une lettre privée écrite de Bastia à M. Dundas, le 23 Février 1795, après avoir appris la perte d'Amsterdam et de toute la Hollande, Sir Gilbert s'exprime ainsi :

« La guerre paraît de plus en plus nécessaire (3).

. . . . . . . . . . . . . . . . . .

» La confiance en notre puissance diminue, tandis que le prestige de l'ennemi grandit chaque semaine ; si cet état de choses continue, nous devons nous attendre à être abandonnés par nos amis et à voir toutes nos affaires décliner. Je désirerais, je l'avoue, qu'il fût possible à la Grande Bretagne de s'affirmer une fois encore ; le manque de cette répu-

---

(1) Voir Bulletin, *Correspondance de Sir Elliot avec son gouvernement*, v. I, p. 81.

(2) M. Dundas annonçait en ces termes à Sir Gilbert qu'il devait dorénavant entretenir la correspondance officielle avec le Duc de Portland : « Le gouvernement va être raffermi par l'arrivée au pouvoir d'hommes respectables dont vous avez une haute opinion. »

(Note anglaise. — Voir *supra* P.).

(3) Voir Bulletin. *Correspondance de Sir Gilbert Elliot avec son Gouvernement*, p. 132.

tation que nous devrions avoir nous a fait perdre la coopération de Gênes et de la Toscane et a neutralisé toute l'Italie.
Cette circonstance a probablement décidé du sort de la
guerre ; car, si nous avions pu diriger tous ces Etats Italiens,
le Sud de la France aurait été affamé depuis longtemps. Si
vous continuez la guerre, je suppose que vous voulez tâcher
d'obtenir des ressources en rapport avec les événements ;
en effet, si désastreuse que puisse être la paix en ce moment,
elle le sera encore plus après une autre campagne malheureuse. J'espère donc que vous avez formé un plan et pris des
mesures pour tenter un grand effort dans la Méditerranée,
car c'est maintenant une branche principale de la guerre.
En menant ici une campagne heureuse, vous avez beaucoup
de chances de mettre hors d'état et peut-être même de gagner à nous les provinces du Sud de la France. Leurs souffrances sont grandes et leurs dispositions indécises, mais,
tant que l'on croira ou plutôt que l'on saura que nous sommes faibles, il ne se produira jamais rien de bon pour nous.
Nous n'aurons sur table aucune chance favorable. »

Dans le cas où le Gouvernement se déciderait à une vigou-
reuse campagne dans le Sud, Sir Gilbert « affirmait qu'avec
une forte flotte dans la Méditerranée quatre ou cinq mille
hommes de troupes anglaises, placés dans les forteresses de
Corse, suffiraient à garantir la sûreté, à assurer la défense
ou la possession de l'Ile et à fournir ainsi des ports à nos
vaisseaux, tout en protégeant notre commerce avec la Méditerranée et le Levant. »

Ses côtes une fois fortifiées ainsi, l'Angleterre, pensait-il,
aurait plus de chances d'être écoutée « si le Gouvernement
voulait bien envoyer en Italie des hommes capables au point
de vue diplomatique pour essayer de rallier dans l'intérêt de
leur propre défense les différents Etats de l'Italie.

» Si l'on ne prend pas ces mesures, je ne puis m'empêcher
de craindre que nous ne voyions bientôt revivre une grande

partie de l'Empire Romain, avec cette unique différence que la métropole sera sur la Seine, au lieu d'être sur le Tibre (1). »

## III.

Bien que l'aspect des affaires publiques fût sombre dans l'hiver de 1794-95, cette année commença sous de gais auspices pour Sir Gilbert, car elle lui amena ceux qui, pour employer sa propre expression, étaient « l'espoir, la consolation, le charme de son existence. »

Le messager qui apporta en Corse la commission du nouveau Vice-Roi put annoncer que Lady Elliot et ses six enfants le suivaient de près.

Les séparation avait été pour tous les deux une année de souffrances et d'inquiétudes. Après le départ de Sir Gilbert pour Toulon, malgré la vive instance de Lord et de Lady Malmesbury qui désiraient lui voir passer l'hiver avec eux, Lady Elliot était retournée à Minto, où, assumant les devoirs d'un propriétaire foncier et d'un chef de famille, elle avait fait tout ce qu'une femme peut faire pour remplacer un homme. Ses lettres témoignent de la variété de ses occupations et de son énergie à les poursuivre. Après avoir discuté des plans de constructions, des projets de contrats, des négociations pour la vente et l'achat de terres, elle y parle gaiement avec bonté des amis et des voisins et entre dans des détails complets sur le compte des enfants, — elle mettait en effet la même ardeur à travailler des terres incultes

---

(1) Toute la dernière partie de cette lettre n'existe pas dans celle que nous avons publiée à cette date dans les Bulletins précédents.

et à semer à la volée les graines qui ont produit nos bosquets aux teintes variées, qu'à cultiver l'intelligence et les
goûts de ses enfants. — Si par droit de naissance ils étaient
« intrépides et loyaux », elle leur enseignait que le courage,
sous sa plus noble forme, consiste « à haïr la lâcheté de mal
faire (1) » et que l'honnêteté trouve son plus entier dévelop-
pement dans le respect de la vérité à tous les points de vue.

Quand, au printemps de 1794, le moment vint pour ses
fils ainés d'être confiés à un précepteur qui fût capable de
les préparer pour Eton, elle écrivit à leur père, avec un or-
gueil très compréhensible, que ce précepteur, ami d'école de
M. Canning et de Lord Holland, avait hautement approuvé
son système d'éducation. « Il affirme que Gilbert sera en
état de se conduire en présence d'une difficulté quelconque,
bien plus tôt que n'importe quel enfant qu'il ait jamais
connu, ayant même le double de son âge ; il a une grande
admiration pour son caractère droit. Il aime à les voir
galoper seuls par tous les temps. Vous n'ignorez pas que
j'ai toujours considéré comme excellentes pour la santé des
habitudes de hardiesse et de liberté. »

On nous a dit que cette hardiesse était même quelquefois
poussée au point d'effrayer les jeunes amis de ses fils à qui
l'on demandait de rire devant des blessures qui auraient fait
pleurer une nature paisible ; non contents d'être comme les
anciens Borderers « joyeux et gais » pour des coups et des
heurts reçus dans leurs passe-temps du dehors, ils recou-
raient à leur Plutarque pour savoir comment se comporter
quand ils étaient forcés de recourir aux remèdes.

« Ne pleure pas et songe à Mucius Scævola » disait-elle
un jour à une âme faible qui pleurait à la suite des souffrances que lui faisait endurer un sinapisme ; « pauvre consolation », comme le déclarait avec raison le patient lui

---

(1) Milton.

même soixante ans plus tard, « car il n'y avait aucune simi-
litude entre les deux cas. » « Je vois des gens, écrivait Lady
Elliot, qui trouvent que la passion d'Anna pour la lecture
va trop loin. Je ne suis pas de leur avis ; les passions inno-
centes écartent les mauvaises ; des goûts simples et naturels
et l'amour de la vie à la campagne sont une grande sauvegarde. »

Dans les premiers jours du printemps elle se rendit à
Londres afin d'être prête à partir immédiatement dès qu'elle
pourrait en sûreté rejoindre son mari. A ce moment la prudence des personnes qui la conseillaient lui faisait un peu
perdre patience.

« 14 Avril.

» J'ai quelquefois des moments d'impatience avec M. Elliot à cause de ses tendances à ne jamais voir les choses sous
leur bon côté ; il ajoute aveuglément foi aux mauvaises nouvelles, mais il est très circonspect au sujet des bonnes. Burke
a rempli d'horreur bien des gens en parlant comme il l'a fait
il y a trois jours au Parlement. Sheridan disait que le fait
d'incorporer les émigrés était un acte de cruauté, car il n'y
aurait pas eu de merci pour eux s'ils tombaient prisonniers ;
il désirait savoir, au cas où la chose aurait lieu et où ils seraient tous mis à mort, si nous devions user de représailles
et ne faire aucun quartier aux prisonniers que nous pren-
drions. « Certainement, s'écria Burke, nous nous vengerons
sur ceux qui seront entre nos mains. » J'ai trouvé, avec le
plus grand nombre de personnes, que ces paroles étaient
horribles dans la bouche d'un homme ayant des sentiments
humains ; mais comme elles émanent de Burke, M. Elliot,
malgré son caractère doux et paisible, les approuve. »

Les récits d'horreur apportés en Angleterre par les Français qui, fuyant leurs compatriotes, encombraient les ports
et les villes de nos côtes du midi, avaient familiarisé l'esprit

public avec des atrocités et contribué considérablement sans aucun doute à exciter les sentiments Anti-Gallicans de la nation.

Durant une courte visite à Tunbridge au printemps, Lady Elliot fit la connaissance d'une petite colonie d'émigrés qui y était établie.

« Parmi eux, écrivait-elle à Sir Gilbert, se trouve une famille des plus agréables, celle de La Roche qui se compose du père, de la mère, d'un fils et d'une fille, gens fort bien et de bonnes manières. Ils me disaient hier, entre autres horreurs, que les patriotes avaient assassiné deux de ses nièces ; l'une avait été hachée menu avec cinq enfants en bas âge et l'autre écorchée vive. Un vieil oncle d'environ quatre-vingts ans avait été guillotiné. De tels récits glacent le sang. J'espère avoir pu faire beaucoup pour ces pauvres gens qui m'intéressent au-dessus de tout. Le père va avoir un tour et vendra les objets qu'il aura tournés ; sa fille brodera des jupons ; je lui ai procuré tout ce qui lui était nécessaire pour cela et j'espère qu'ils seront en état de gagner ainsi 50 ou 60 livres par an ; quant au fils, je compte pouvoir le faire entrer dans un régiment où l'on prend des émigrés. En général les émigrés sont étonnamment gais et contents. »

Obéissant aux décisions des hommes d'Etat et des guerriers, Lady Elliot s'établit avec sa famille à Portslade, sur la côte de Sussex, qu'elle préférait à Londres avec ses multiples attractions de relations amicales et sociales ; pour ses enfants en effet la grande ville était « un triste trou » et pour elle le meilleur endroit était celui où elle pourrait vivre surtout en leur compagnie. Elle leur lisait les lettres de son mari, si bien que son fils aîné en savait quelques-unes par cœur. Pendant qu'ils vivaient à Portslade, assez près de leurs amis à Brighton et assez loin du tumulte, les enfants assistaient à différents spectacles militaires donnés par les troupes qui étaient campées là, en présence du Prince de

Galles ; le plus original de ces spectacles paraît avoir été une grande revue au clair de lune passée en l'honneur de la victoire de Lord Howe le 1er Juin.

« Portslade, 12 Juin.

» Je n'ai que de bonnes nouvelles à vous donner. Nous avons remporté une belle et éclatante victoire et, à la suite de cet événement, nous avons eu au Camp, la nuit dernière, un grand *feu de joie* vers neuf heures. Dès qu'il a fait complètement nuit, les sept régiments entiers se sont formés en une ligne d'une longueur considérable, composée d'environ 6,000 hommes, pendant que la foule des spectateurs comprenait plus de 2,000 personnes. Nous étions tous là, et de ma vie, je n'ai jamais rien vu de pareil. Les canons tirèrent d'abord séparément puis toute la ligne fit un feu roulant et aussitôt après les musiques militaires jouèrent « Rule Britannia » ; dès que la musique cessait, les applaudissements et les hourras étaient unanimes. Cela fut répété trois fois, par une nuit superbe, la lune brillant sur la mer dans tout son éclat. Il est absolument impossible d'imaginer un plus beau spectacle ; les enfants étaient ravis. . . . . La nouvelle de la victoire a été apportée au théâtre par le Duc de Clarence et Lord Mulgrave et l'assistance entière entonna immédiatement « Rule Britannia » et « God save the King. »

Les enfants étaient chez Me Pelham, l'autre matin, quand le Prince arriva et y passa une heure. Il a été très gentil et leur a dit qu'il comptait enrôler l'un d'eux. Gilbert m'a raconté qu'il a été très amusant et qu'il leur a débité beaucoup de bonnes histoires ; naturellement il leur a plu extrêmement.

. . . . . . . . . . . . . . . . . . . .

» Les prisonniers pris par la flotte étaient absolument sans argent ; les hommes n'avaient rien et les officiers ne possédaient que des assignats. Un joli trait de l'humanité anglaise a été donné par la populace, pendant que les marins descendaient les blessés à terre. L'air retentissait de hourras, mais dès que l'on sut que le bruit était mauvais pour les malades tout redevint immédiatement tranquille et, une fois que les blessés eurent gagné l'hôpital, les cris de joie recommencèrent de plus belle.

. . . . . . . . . . . . . . .

» A l'époque actuelle nous assistons aux plus étranges métamorphoses. M. Elliot m'a écrit hier qu'il s'est engagé dans la Compagnie Volontaire de Surrey ; je m'attends donc à le voir en veste bleue et en bottes élégantes. Je trouve que cela est fort bien, mais il est impossible de ne pas en rire. Il a appris à monter chez Astley. »

L'arrivée de Lady Elliot avec ses enfants en Corse commença un nouveau chapitre pour la vie de la famille. Au bonheur domestique, qui les suivait partout où ils se trouvaient, vinrent s'ajouter les intérêts puissants, les excitations passionnées qui étaient le résultat de leur participation à la grande lutte Européenne. La première résidence à l'étranger constitue pour tous un événement ; pour les jeunes Elliot ce fut peut-être le point de départ de l'intérêt puissant qu'ils portèrent aux affaires publiques et qui devint le signe caractéristique de la famille. Transportés à l'âge le plus sensible de leur tranquille Ecosse sur une scène où leur existence de tous les jours dépendait de complications Européennes et de la fortune de la guerre, ils subirent une impression qui ne s'effaça jamais de leurs esprits, déterminant la carrière des uns et les goûts de tous. Dans leur jardin, entouré par la mer, dans leur bateau à voile qu'ils apprirent à guider le long de la côte rocheuse, sur les ponts des vaisseaux de guerre stationnant devant le port et surtout dans la société de Nelson et de ses vaillants camarades, ils acquirent, pour ainsi dire, sur l'élément même de l'Angleterre, une foi inaltérable dans sa puissance et dans sa grandeur; ainsi leur fut

5

inspirée en même temps cette passion de la mer que, dans le cas de Georges, second fils du Vice-Roi, l'on a satisfaite aussitôt que son âge l'a permis, en l'embarquant comme aspirant à bord du vaisseau-amiral.

Son frère aîné pendant ce temps, amené par l'âge et par ses goûts à moins concentrer ses sympathies, apprit, tout en n'aimant pas moins l'Angleterre, à se passionner pour l'Italie. Ce fut durant ces années de fréquentation continue avec les natures aimables et heureusement douées du Sud que se développa dans son esprit ce profond sentiment des torts dont elles étaient victimes, ainsi que l'ardent désir d'y mettre un terme ; ce fut là l'origine des convictions qui devaient servir de règle à sa vie politique et qui devaient faire plus tard de lui un des plus chauds partisans de l'Italie (1).

Pendant que les caractères encore indécis des enfants subissaient l'influence des événements nouveaux et variés auxquels ils assistaient, leurs parents trouvaient une source de jouissances sans fin dans les spectacles charmants qui leur étaient fournis par les sites et la végétation de l'Ile et dans les efforts qu'ils faisaient pour que l'occupation de la Corse par la Grande Bretagne profitât à la population.

Les lettres de Lady Elliot à sa sœur Lady Malmesbury

---

(1) Il ne saurait y avoir de place ici pour les négociations politiques qui eurent lieu entre la Grande Bretagne et l'Italie et auxquelles Gilbert Elliot, le dernier Lord Minto, prit une grande part. Quand on voudra traiter ce chapitre d'histoire contemporaine on verra qu'il s'occupa des affaires de l'Italie bien avant que cette cause eût trouvé faveur auprès des hommes d'Etat anglais ou qu'elle fût bien vue par la nation anglaise. Nous avons dit que son amour pour l'Italie s'accrut à mesure qu'il avançait en âge; nous pouvons ajouter qu'il prit fin avec sa vie. Ceux qui l'ont assisté au cours de cette terrible et douloureuse maladie qui en 1859 termina une longue et honorable carrière se plaisent à se rappeler le rayon de bonheur qui éclaira un jour sombre, à la nouvelle des victoires qui assuraient l'indépendance de l'Italie et qui faisaient pressentir son unité. (Note de l'auteur anglais).

donnent une vive impression des ressources naturelles et de la beauté du pays aussi bien que de l'état sauvage de ses habitants.

« Bastia, 28 Décembre.

» Le temps est en ce moment charmant. Portes et fenêtres sont toutes ouvertes à la maison ; le spectacle est délicieux, mais notre situation précaire nous empêche d'en jouir. Notre bal a été réellement splendide et a fort bien réussi ; les salles étaient décorées avec des myrtes, des orangers et des arbousiers. Il y avait un long passage qui était un jardin parfait, très gentil et entouré d'une haie de myrte. Si le pays était cultivé et si le peuple était civilisé, ce serait l'Elysée ; mais je ne puis m'habituer à voir chaque paysan armé d'un couteau, d'un fusil et d'un pistolet. La vie ici est absolument luxueuse ; je n'ai jamais vu une telle quantité de gibier et de poisson et le porc est le meilleur que l'on puisse trouver ; il est nourri de châtaignes..... Quelques-unes de nos promenades vous raviraient ; il est difficile de trouver quelque chose de plus beau. Eléonore (1) et moi, nous sommes les seules Anglaises qui aient jamais gravi ces collines. A un mille environ de Bastia est un couvent qui occupe une position tellement divine que j'en ferai certainement *mon palais,* si j'ai à passer ici un autre hiver. La vue est magnifique, s'étendant sur la ville « qui, étant blanche, fait à cette distance un effet charmant, avec la mer et les belles îles au fond du tableau ; le jardin est immense, rempli d'orangers, de citronniers, de bergamottes et de vigne ; il est situé au sein d'un amphithéâtre de collines qui s'élèvent de trois côtés autour de lui couvertes de cyprès, d'oliviers, de chênes verts

---

(1) Eléonore Congleton, fille de Charles Congleton de Congleton, et petite-fille de Sir Gilbert Elliot, secrétaire du Lord Juge, épousa le col. Drinkwater. (Note anglaise).

et d'autres arbres à feuillage persistant. En été il ferait trop chaud, mais par un jour d'hiver, on peut s'asseoir au soleil et rassasier ses yeux de beauté, à l'abri des saletés de la ville. Tout ce que la Nature a fait pour l'Ile est ravissant, tout ce que l'homme y a ajouté est malpropre. »

« Bastia, 10 Janvier 1795.

» Il est incontestable que dans n'importe quelle saison cette île est moins saine que le continent voisin ; la preuve en est que des malades, languissant ici sans amélioration aucune, trouvent un soulagement en allant simplement à Livourne et reviennent rétablis. Les fièvres intermittentes tiennent le premier rang parmi les maladies, mais nous avons aussi toutes celles qui proviennent des refroidissements. Encore sommes-nous au moment de la belle saison ; à la fin de l'été, la mortalité est effrayante.

» Je suis maintenant installée et j'ai mes matinées à moi ; j'en profite pour gravir les montagnes durant deux heures chaque jour, à travers des bosquets de myrtes, d'arbousiers et de toutes sortes de charmantes plantes toujours vertes. Pozzo-di-Borgo, le Président du Conseil et le premier favori de Sir Gilbert, est un homme très sensé et vraiment agréable. Je crois qu'il est le seul de tous les habitants de l'Ile qui soit réellement distingué. Il y a quelques femmes gentilles, ne ressemblant pas aux étrangères en général, simples dans leurs manières et aimant beaucoup leur intérieur ; deux ou trois même ont l'usage du monde et sont gracieuses. La vie coûte ici bien plus cher qu'à Londres. Les habitants vivent si modestement et connaissent si peu le luxe que l'on pense naturellement que c'est un pays où la vie est à bon marché ; mais pour vivre convenablement il faut dépenser beaucoup, tous les objets venant de Livourne. Vos amis les lézards sont en grande abondance. Saviez-vous que dernièrement les *merles* corses étaient une des grandes délicatesses de Paris ? Ils sont réellement excellents. Vous allez pourtant vous indigner en apprenant que deux fois par semaine au moins nous avons un plat de rouges-gorges. Rien n'échappe au fusil ; les enfants de l'âge des nôtres ne se déplacent jamais sans en avoir un en même temps qu'un pistolet et un stylet. »

On peut composer un calendrier de fleurs avec des extraits de ces lettres.

*Décembre* — « Les taillis ici sont ce qu'il y a de plus beau au monde ; ils consistent principalement en arbousiers qui en ce moment, couverts de fruits et de fleurs, vous donnent l'idée d'un lit de grosses fraises, en myrtes, en toutes sortes de bruyères d'une hauteur prodigieuse et en différentes espèces de lauriers-tins avec des fleurs aussi grandes qu'un chapeau. »

*Janvier.* — « La neige couvre les collines, mais les orangers, les lilas et les narcisses décorent mon jardin. »

*Février.* — « Les fleurs des arbres fruitiers, dans toute leur gloire, parfument l'air. »

*Mars.* — « Les fleurs des amandiers et des cerisiers ont passé depuis longtemps, mais les abricotiers et les pommiers sont charmants. Tous les arbres fruitiers ont leurs feuilles, à l'exception des figuiers et de la vigne et ceux-ci bourgeonnent. Notre jardin est un petit cap, s'avançant dans la mer qui l'entoure à moitié ; il est à quarante pieds environ au-dessus du niveau des eaux et on y a une belle vue de la côte ; il est rempli d'orangers, de citronniers, de rosiers de haies de myrtes. »

« Dans un pareil endroit, écrivait Lady Elliot, mon bannissement n'est pas aussi lourd pour moi qu'il l'était pour le cœur de Sénèque. Les musiques militaires jouent dans ce jardin pendant mes réceptions et mes invités se promènent et dansent sur une terrasse qui le domine et qui est baignée par les flots. La nuit dernière le spectacle était féérique, au

moment où la lune a surgi de la mer justement en face de
la grande porte vitrée qui conduit du salon sur la terrasse;
jamais je n'ai rien vu de plus beau. »

A mesure que l'été avançait, l'île devenait de plus en plus
insalubre. « Pendant les nuits d'été, les rosées sont pesantes.
L'air devient fatigant et affaiblissant, la moitié de la garnison est malade ; mais cela provient autant du manque de
précautions que d'autres causes. » « On trouve beaucoup de
champs de blé, mais les terres incultes et les marais qui oc-
cupent une grande quantité de terrain contribuent à rendre
le pays malsain durant la chaude saison. L'huile et le vin
abondent ; pourtant ils ne sont pas aussi bons qu'ils pourraient l'être avec des soins et de l'attention. » — « Si l'île
continue à rester sous notre protection et si on se donne de
la peine pour améliorer ses productions ou mieux pour faciliter les moyens de produire, on pourra avoir un commerce
aussi étendu que dans les autres parties de l'Italie, en soie,
vin, huile, marbres, fer, toutes sortes de minéraux et en chan-
delles de cire aussi blanches que l'albâtre. Le peuple pour
le moment est indolent, mais si l'on considère leur condition
lamentable, on peut difficilement s'étonner de ce qu'ils ne
consentent pas à semer pour que d'autres récoltent. »

Un des rêves favoris de Sir Gilbert, durant son court règne,
fut de développer par l'éducation l'intelligence du peuple.

Parmi les mesures les plus importantes prises par le premier Parlement tenu en Corse, après l'annexion à la Grande
Bretagne, figure un acte créant l'établissement d'une université à Corte et de deux écoles à Bastia et à Ajaccio.

On espérait qu'un autre acte, ordonnant l'incorporation de
troupes Corses pour la défense de l'Ile, aurait servi jusqu'à
un certain point de système élémentaire d'éducation, ensei-
gnant des habitudes d'ordre, de propreté et d'honneur, de
même qu'à l'époque actuelle les habitants à demi sauvages
de certains districts de Sicile, pris, tondus, lavés et dressés,

reçoivent des notions de civilisation sous la discipline militaire de l'armée d'Italie ; ceux qui ont eu l'occasion de se
trouver sur le pont d'un bateau à vapeur italien avec ces
nouvelles recrues, pendant qu'on les dirigeait vers le Nord,
ont dû se rendre facilement compte que ce premier entraî-
nement leur était nécessaire pour les préparer à l'école et
à l'université. L'intelligence et la vivacité du peuple ne purent jamais habituer Lady Elliot à la saleté et à la malpropreté. Ils avaient l'apparence de *conspirateurs* et, comme
César, elle aimait à avoir autour d'elle des personnes gras-
ses. Hélas ! en Corse rien n'était gras, si ce n'est les merles et encore ils étaient obèses. Rien ne pouvait mieux
faire remonter les Corses dans son estime que l'arrivée des
quelques spécimens de Républicains Français qui, au printemps de 1795, furent amenés à Bastia comme prisonniers de
guerre.

Après une bataille de deux jours qui dura le 13 et le 14
Mars, au cours de laquelle la flotte anglaise dispersa une
flotte française égale en nombre, en capturant le *Ça Ira* et
le *Censeur*, ces vaisseaux furent conduits à Bastia avec leurs
équipages. « Je suis désolé de vous apprendre, écrivait
Lady Elliot, que l'amiral Hotham a persuadé à Sir Gilbert
que les deux navires français ne pouvaient pas être entièrement déblayés si on ne débarquait pas les prisonniers ; durant quelques semaines ils seront donc installés
dans l'Ile. Les hommes seront logés dans de grandes églises ; quant aux officiers, on les expédiera à Corte où ils seront libres sur parole, bien que certainement aucun d'eux
n'ait l'idée de ce que cela signifie ; mais s'ils essaient de
s'enfuir, les Corses n'auront aucun scrupule à tirer sur eux.
Les officiers sont arrivés ici de Saint-Florent avant-hier pour
se rendre à leur destination ; et songez que Sir Gilbert en
avait six à dîner avec nous. Décrire leur aspect est impossible ; je croyais me trouver en présence d'échappés de galè-

res. Nous avions les deux capitaines du *Ça Ira* ; le premier avait bon air, mais le second me rappelait Barbe-Bleue ; leur malpropreté était repoussante. J'étais tellement remplie d'horreur et ma stupéfaction était telle que j'ai gardé absolument le silence durant deux heures ! Ils étaient très étonnés d'être traités avec autant de civilité ; aussi essayaient-ils d'être polis à leur tour en disant Monsieur, Madame et Votre Excellence. Ils paraissaient très fiers de leur conduite et en effet ils se sont battus comme des dragons. Ils ont dit jusqu'à la fin qu'ils attendaient que leur flotte leur portât secours et ils étaient tellement enragés contre leur Amiral qu'ils espéraient, disaient-ils, qu'à cette heure il serait déjà guillotiné. »

Lady Elliot, dans le courant de l'été 1795, alla passer quelques semaines aux Bains de Lucques avec ses enfants pour éviter la saison des fortes chaleurs en Corse. Durant son absence, Sir Gilbert fit un voyage à travers l'île jusqu'à Ajaccio et il écrivit pour sa femme un journal dont voici des extraits.

« Première nuit, à La Penta qui était illuminée.

» Deuxième nuit, à Loretta (1) (sic) à une heure de marche de La Penta et situé à une altitude plus élevée.

» Troisième jour, à Rostino pour déjeuner et pour passer le journée avec le Général Paoli qui nous a bien accueillis. Le capitaine Duncan a fait un joli dessin du couvent que Paoli habite en ce moment et y a ajouté la maison, dans laquelle le Général est né, qui pourrait lutter avec celles de Minto. Il est difficile de trouver un pays plus joli, plus sauvage et plus pittoresque que celui-ci. C'est absolument *Comme il vous plaira* ou la *Reine des Fées*. Mais où est Rosalinde ? Où la Majesté de la Vice-Reine des Fées ? C'est là la

---

(1) Loreto.

difficulté ! Quant à moi, je suis réduit à jouer le rôle de *Jacques* dans ma forêt, malgré sa beauté (1).

» Quatrième jour. Ajaccio, 26 Juin. Le voyage a été aussi agréable et aussi réussi que possible ; nous n'avons jamais fait plus de sept heures de route ; le temps était frais ; cela a été une partie de plaisir pour tous, les quadrupèdes compris. Les officiers et les hommes ont été tellement charmés qu'ils ont désiré continuer leur marche jusqu'à Bonifacio au lieu d'être relevés ici par un détachement frais. Le détachement se compose de 70 anglais du 51e, commandés par deux officiers, et de 50 Corses commandés par le capitaine Colonna et un officier subalterne. Nous avons 100 mules pour nos bagages, en dehors des chevaux pour nous. Notre camp a été toujours installé dans des situations vraiment pittoresques, tout près d'un bois de châtaigniers, ou mieux sous les châtaigniers mêmes, à un quart de mille d'un village où les chevaux trouvaient des écuries et les cuisiniers des cuisines. J'ai traversé une grande forêt de pins et de hêtres ; les pins sont immenses, mais ils sont loin de la mer et au milieu des montagnes, aussi est-il difficile, mais non impossible, de les faire parvenir à Ajaccio. On m'a dit qu'il y a d'autres forêts, que je verrai plus tard, mieux situées pour l'exportation. La route de Corte à Ajaccio est, sur quinze ou vingt milles, un simple sentier, très mauvais en certains endroits ; elle est carrossable sur dix milles près de Corte et sur dix milles près d'Ajaccio. J'ai pour compagnons de route, en outre des aides-de-camp, Pozzo-di-Borgo, un M. Suzzarelli, conservateur des forêts et un M. Sigaud, ingénieur français, que j'ai amené de Corte pour le consulter sur les routes et sur les ponts. Notre réception a été partout fort satisfaisante ; cette expédition paraît faire une bonne impression. »

_____

(1) Allusion au morose solitaire de la forêt d'Arden, dédaigneux de l'amour, dans « as you like it » de Shakspeare.

« Ajaccio, 27 Juin 1795.

» J'ai eu beaucoup à faire et les ennuis ont été nombreux, et cependant, bien que tout cela n'ait été agréable pour personne pas plus que pour moi, ma réception ici a été ce qu'elle devait être. Ajaccio deviendra un jour une place considérable; c'est déjà une ville très coquette, soit qu'on la voie de l'extérieur, soit que l'on y ait pénétré. Les environs et particulièrement le golfe sont vraiment beaux ; la côte manque de bois et de culture, mais jamais je n'ai vu une telle quantité de myrtes aussi grands ; ils sont tout en fleurs et leur parfum se répand dans le pays. Je comprends maintenant, bien mieux que je ne pouvais le faire avant, que l'on ait appelé le myrte la plante de Vénus, le symbole de la beauté et de la douceur. Les figuiers d'Inde eux aussi en fleurs atteignent la hauter d'arbres moyens. La brise n'a jamais cessé un seul jour ; on ne peut rien imaginer de plus frais et de plus charmant. »

Cette expédition avait, entre autres buts, celui de créer un arsenal maritime à Ajaccio. Pendant le séjour de Sir Gilbert en cette ville une frégate française, *La Minerve,* y fut amenée de Minorque comme une prise par *La Didon* et le *Lowestoft* (capitaines Young et Middleton), après une brillante action à laquelle prit part une autre frégate française qui parvint à s'échapper.

« Cauro, 28 Juin.

» Un joli village à dix milles d'Ajaccio, résidence de campagne de M. Peraldi. C'est un gentil pays qui aura bientôt la richesse de Crésus. Les gens d'ici sont assez propres. J'ai vu hier une coquette maison de campagne avec un parterre et un jardin tout autour, comme ou peut en trouver en Angleterre, cette terre du raffinement.

» J'ai passé à Cauro une nuit de plus que je n'en avais

l'intention pour visiter un bois de beaux chênes situé à dix milles environ sur la montagne. Il y a là une ville appelée Bastelica qui est l'endroit le plus florissant et le plus agréable que j'aie vu ; il est tout environné de beaux chênes ; le sol est divisé en petits champs, bien clos et bien cultivés en blé et en foins. On dirait absolument un village anglais avec l'avantage du pittoresque que lui donne sa situation sur la montagne. Sa population est de 2,000 âmes environ et, ce que je n'ai remarqué nulle part, chaque femme sans exception, jeune ou vieille, file continuellement de la laine sur une quenouille. On file aussi du lin et dans presque toutes les maisons on trouve un métier et un tisserand. C'est réellement un lieu charmant ; il est d'ailleurs si élevé que l'on s'y plaint de la neige et du froid en hiver, mais jamais de la chaleur en été. On m'a offert à déjeuner au Couvent ; nous fûmes servis par un Corse qui avait été durant huit ans le valet de Lord Heathfield et qui se trouvait avec lui au moment de sa mort.

» Voilà tout ce que je puis dérober pour vous, aujourd'hui mon cher amour, je dis mieux voler. C'est en effet en employant la violence que j'ai pu mettre de côté mes affaires et renvoyer les personnes qui attendent un mot de mio.

» Que le ciel vous bénisse tous ! »

« Bonifacio, 2 Juillet.

» Me voilà parvenu à la pointe extrême. C'est le site le plus pittoresque que j'aie jamais vu en Corse. J'ai traversé de bien beaux pays et j'aurais été vraiment heureux si j'avais eu avec moi la compagne après laquelle je soupire. Votre absence me pèse réellement et rend ma vie bien ennuyeuse. Depuis l'été 1793 j'ai eu à endurer plus ou moins cette privation qui est la pire de toutes. J'ai joui bien peu des douceurs de la vie de famille ; mais comme il n'y a aucun remède pour le moment, nous devons nous résigner et patienter. »

« Bonifacio, 4 Juillet.

» En nous rendant d'Ajaccio à Bonifacio, nous avons traversé de très jolis pays, montagneux, mais moins sévères même à de grandes altitudes et plus cultivés et plus riants dans les régions plus basses. Ma propre suite est assez nombreuse ; nous sommes en outre continuellement accompagnés par une cavalcade du pays voisin, qui, après nous avoir salués par un discours bien pensé, fait résonner l'air de vivats et de décharges de mousqueterie. Ils galopent en foule derrière moi, les nez des premiers chevaux touchant la queue de mon cheval ; aussi comme celui-ci parfois rejette les oreilles en arrière et s'arrête court, tous les autres se bousculent l'un sur l'autre comme des quilles croulantes. Quand nous arrivons à une rivière ou à quelque autre limite, une de ces cavalcades me confie à une autre. Ce qui est plus sérieux, c'est la foule qui se presse là où nous devons faire halte et où, au lieu de trouver le repos, je suis donné en exhibition à tous ceux qui arrivent et je suis entouré d'un rang de sentinelles. Mais quand, oubliant les difficultés de ma tâche, je me couche pour dormir un peu, pareil au chevalier mort, j'ai de tous côtés autour de moi des nymphes curieuses et des faunes. Dans les villes où nous logeons, les corps des milices viennent au-devant de nous, tirent sur nous, me font prisonnier et me conduisent sous différents arcs de triomphe en myrte, décorés de divers compliments en Latin et en Italien à l'adresse du Sauveur de la Municipalité ; puis viennent des discours et je suis porté en procession à travers la ville, précédé et suivi par de nombreuses personnes, toutes dans leurs plus beaux atours, déchargeant leurs armes et poussent des cris. Les fenêtres et les balcons sont garnis de belles dames, dont les élégantes portent des chapeaux et des ornements majestueux qu'on ne verra plus en Angleterre jusqu'à la résurrection de nos grand'mères. Je vais prier Duncan (un aide-de-camp qui est aussi excellent dessinateur que bon mathématicien) de vouloir bien en esquisser un croquis pour vous. Les femmes de la basse classe m'ont prouvé leur bon vouloir, soit en déchargeant des pistolets de leur fenêtre, soit en jetant sur moi des poignées de froment, ainsi qu'on le fait aux mariés pour les rendre féconds. Quand je rentre, la maison est pleine de personnes importantes et mon unique refuge est dans l'habitude de la sieste. Au dîner nous sommes cinquante à table dans une petite chambre ; nous faisons ensuite une promenade, suivis par une centaine de personnes. Voilà ce qui se reproduit partout. A Ajaccio, ce fut plus splendide, les habitants ayant de bien meilleures manières. Ce voyage me paraît avoir donné de bons résultats ; il m'a considérablement aidé à connaître un pays que j'ai le devoir d'étudier et le désir réel d'améliorer. »

» Sartène, 8 Juillet 1795.

» Nous sommes partis de Bonifacio hier et nous sommes arrivés à notre camp en quatre heures de cheval. Autour de nous, à plusieurs milles de distance ne se trouvaient ni hommes ni maisons ; aussi j'ai passé un jour libre de tout importun à l'abri de rochers ombragés par des chênes verts et des myrtes. Pour nous mettre en marche nous avons attendu la fraîcheur du soir. Un voyage de cette sorte, dans ce pays romantique, me transporte à chaque pas dans le « *Songe d'une Nuit d'Eté* », « *Comme il vous plaira* », « *la Reine des Fées* » et Arioste. Les troupes, les tentes piquées, les files de mules, tout ce qui nous accompagne dans notre marche, forment un paysage changeant quand on est en route et une scène des plus pittoresques quand on fait halte ; aussi je regrette constamment que vous ne voyiez pas ce spectacle et l'absence de Rosalinde de ces forêts me gâte mon plaisir.

» Nous ne souffrons nullement de la chaleur en voyageant sous le soleil, pas plus dans la matinée que dans la soirée ;

ce matin il faisait réellement froid. Cette ville est la capitale de la Juridiction *della Rocca* qui est la plus fertile en céréales de toute la Corse et qui pourrait être un pays très florissant. On l'appelle le *Pays des Nobles*, les gentilshommes étant fiers de leur noblesse et visant à plus d'élégance, dans leurs costumes, dans leurs maisons et dans leurs manières que dans les autres parties de la Corse. Ils ne dépassent point pourtant le niveau d'un bon yeoman anglais ou des plus humbles squires de nos lointains comtés. Je fais tout ce qui est en mon pouvoir pour réveiller le goût dormant des routes, des ponts, des fontaines et autres travaux d'utilité publique et j'espère que ce n'est pas sans résultat aucun. J'ai l'intime conviction que l'on pourra faire beaucoup pour la Corse, si le Gouvernement envisage ses intérêts véritables et s'il a une notion exacte des moyens à employer. Les Français ont affecté de fortes sommes à des travaux publics, dont quelques-uns font honneur au Gouvernement par leur magnificence ; mais en général les ingénieurs et les autres personnes qui y ont été employées ont mis dans leurs poches une grande partie de cet argent et je ne trouve pas que l'on ait essayé d'exciter chez le peuple lui-même un esprit de progrès. Ce qu'un Gouvernement peut faire par lui-même a peu d'importance, même quand on dépense de grands efforts dans ce sens. »

« Vico, 20 Juillet 1795.

» Nous avons quitté Ajaccio le 17 et nous sommes arrivés le même jour à Calcatoggio où nous avons campé. Nous avons traversé le district où est né Pozzo-di-Borgo et nous avons même parcouru une partie de ses propriétés ; Calcatoggio est le village où a lieu l'élection pour la Pière de Cinarca dont Pozzo est le représentant ; il était donc au milieu de ses électeurs ; j'ai profité de l'occasion pour leur dire qu'ils avaient fait un bon choix.

» Le jour suivant nous sommes parvenus à Cargese, la colonie grecque, qui est un pays des plus intéressants. J'ai logé chez M. Stephanopolis, l'avocat du Roi, que vous connaissez, et qui est le chef des Grecs. Il s'est marié toutefois avec une Corse, la sœur de Peraldi ; c'est un des cas fort rares, si ce n'est pas l'unique, d'un mariage hors de la colonie ; aussi la race s'est-elle conservée très pure. Ils continuent à porter le costume grec et plusieurs même se sont présentés avec les propres costumes que leurs ancêtres ont apportés de Grèce, le siècle dernier, et qu'ils se sont transmis de père en fils. Ces costumes sont vraiment splendides si on tient compte de la condition des gens ; ils sont couverts d'or et de broderies.

» La colonie se compose de 500 âmes environ qui forment 114 familles. On leur a donné une bonne étendue de terrain qui a été divisée en 114 parts et chaque famille maintenant en possède une ; quand la famille augmente, qu'elle est doublée ou qu'elle est devenue encore plus nombreuse, le patrimoine familial est partagé entre ses membres, comme cela a lieu dans le reste de la Corse. Leurs maisons ont été construites par le Gouvernement français sur un plan régulier et uniforme, ce qui donne toujours une belle apparence à une ville, mais celle-ci est encore plus réussie que d'habitude, les travaux ayant été confiés au père de M. Stephanopolis qui prit intérêt à les exécuter aussi bien que possible. Ce peuple est industrieux et l'on y trouve des artisans bien plus habiles que chez leurs voisins les Corses ; mais, soit qu'on doive en attribuer la cause aux troubles fréquents de Corse, au peu de sécurité de la propriété ou à d'autres motifs, il me semble que l'on a fait moins que ce qu'on pouvait attendre, et le faible chiffre de la population reste malgré tout inexplicable. On suppose toutefois qu'elle augmente un peu. M. de Marbeuf fut nommé leur Seigneur avec le titre de Marquis de Cargese et avec droit à la dîme sur toutes leurs propriétés. Il a construit une belle maison qui, étant unique en son genre dans l'île, a été toujours considerée avec ses beaux jardins comme l'une des résidences les plus jolies du monde et comme un véritable Château de Grand Seigneur... C'est une maison dans le genre de celles que l'on a en Angleterre et en Ecosse pour 800 ou 900 livres par an.

» Cette colonie provient du pays de l'ancienne Sparte. Le type est généralement beau ; les peaux brunes et les yeux noirs dominent, mais on y trouve même quelques blonds. Dans la soirée on a donné un bal pour nous montrer des dames grecques dans leurs propres costumes. C'était dans une petite chambre à la caserne et le spectacle ne différait pas beaucoup d'un bal à Lochgelly, les danseurs étant à peu près du même rang, un ou deux tout au plus ne travaillant pas aux champs ; ils dansent néanmoins beaucoup mieux et exécutent des contredanses françaises au lieu des branles écossais. Une ou deux dames mettaient dans leur danse une sorte de langueur gracieuse, s'approchant des mouvements voluptueux que l'on dit constituer la particularité des danses orientales, mais sans la moindre idée de licence. Accédant à mon désir, elles ont dansé une danse grecque ; les danseurs s'accompagnaient eux-mêmes en chantant. Leur chanson était une mélopée grecque, en grec moderne ; la danse consistait à se tenir par la main hommes et femmes en un long ruban et à tourner d'abord lentement en spirale de manière à ce que l'une des dames se trouvait au centre. Puis le chant s'anime, devient vif et fort et la danse augmente en même temps en rapidité et en vivacité, parvenant à être en quelque sorte violente et fougueuse, retournant ensuite au mouvement lent, suivi de nouveau par une cadence rapide et ainsi de suite avec les deux alternatives jusqu'à la fin.

» On m'a expliqué la chanson ; c'était comme vous pouvez le supposer, une chanson d'amour ; d'après son genre et ses phrases elle ne m'a pas paru ancienne, bien qu'elle eût été importée par la colonie et qu'elle eût au moins un siècle et demi, peut-être bien plus. L'air était extrêmement grâcieux et élégant, avec le caractère tout à fait italien.

» Les femmes portent sur le derrière de la tête une petite coiffe de réseau écarlate enrichie de galon d'or et de broderie, les cheveux sont nettement partagés sur le front et aplatis des deux côtés de la tête. Du fond de la coiffe tombe une draperie de gaze et de mousseline qui passe devant le cou et qui s'entrecroise de nouveau sur le dos où elle va se perdre Dieu sait comment ? Le costume se compose d'une veste en satin ou en soie forte, avec de longues basques, d'un corselet très court et d'un jupon de la même étoffe avec deux ou trois rangs de galons d'or, séparés les uns des autres d'environ la largeur de celui qui en entoure le fond ; ce détail passe pour être le signe caractéristique du pays. Parmi les femmes on trouve peu d'Hélènes ; il y avait pourtant là une bien jolie fille. A notre départ, le lendemain matin, ces dames grecques ont fait tomber sur moi une abondante pluie de blé. »

## IV.

Ces lettres montrent quelles étaient les dispositions de Sir Gilbert en faisant l'expédition qu'il relate. Toutefois la population était tellement inflammable que le récit imaginaire d'un incident supposé qui aurait eu lieu à Ajaccio fut suffisant pour mettre en feu certains districts de l'Ile.

Sir Gilbert raconte le fait dans une lettre à Lady Elliot ; mais, avant de donner cette lettre, il sera utile de revoir rapidement la suite des événements qui, à ce moment-là, avaient altéré les relations cordiales ayant existé tout d'abord entre le Vice-Roi et Paoli.

Nous avons vu qu'au moment où l'on décida l'union de la Corse à la couronne Britannique, Paoli, qui sentait lui-même qu'en Corse il ne pouvait être que *aut Cæsar aut nullus,* fit connaître son intention de s'abstenir de toute participation au gouvernement de son pays et de quitter l'Ile dès que l'occupation Britannique aurait eu définitivement lieu. Cette détermination, disait-il, était impérativement commandée par l'état de sa santé.

A cette époque il paraît avoir été réellement animé du désir de faire succéder l'ordre au chaos, de préserver son pays, avec l'aide de la main puissante de l'Angleterre, de la tyrannie Jacobine et de lui assurer les droits populaires et les libertés dont il avait joui durant un quart de siècle, sous son administration. Il est probable qu'il fut aussi dirigé dans cette voie par d'autres motifs plus personnels, alors que, au moment où la Mission Anglaise arriva à Murato, sa tête avait été mise à prix par la Convention Française et que ses moyens pour continuer la résistance étaient très bas. C'est pourquoi on peut affirmer que, si l'on avait pris des mesures pour transférer le gouvernement de Corse au Représentant de l'Angleterre, dès l'acceptation de la couronne par le Roi, Paoli aurait tenu de bon cœur ses engagements et l'on aurait ainsi évité bien du mal. Mais nous avons vu que les Ministres Anglais, bien que n'ignorant pas que sur eux pesait la responsabilité de pourvoir la Corse d'une administration, n'avaient encore rien fait dans ce sens, plusieurs mois après que l'Assemblée du 21 Juin avait voté l'acte formel de l'annexion; durant cet intervalle, aucune autorité régulière et reconnue n'avait existé en Corse et le pouvoir, comme le fait était inévitable, était réellement resté entre les mains de Paoli.

Pour irriter encore davantage le caractère de l'homme qui avait une si grande influence sur ses compatriotes, les ministres anglais le traitèrent avec un mépris apparent. On ne fit aucune attention à lui ; et, jusqu'à la fin de l'automne 1794, il ne reçut aucun remerciement de la part du Roi, pour la part qu'il avait prise à l'annexion de la Corse à la Grande Bretagne.

« Ayant appris, écrivait le Duc de Portland à Sir Gilbert dans une lettre privée datée du 16 Septembre 1794, que Paoli est mécontent de ce qu'aucune personne, occupant une situation ministérielle en Angleterre, ne lui ait écrit un mot ou ne se soit préoccupée de lui, je vous expédie ci-inclus une lettre à son adresse (1). »

Une dépêche, antérieure de quelques jours, (9 Septembre 1794), parle pour la première fois des services de Paoli comme distincts de ceux rendus par les Chefs Corses en général. Il est dit dans cette dépêche que le Roi a exprimé son bon plaisir d'accorder au Général Paoli une pension de 1,000 livres par an et qu'il lui fait don du portrait de Sa Majesté entouré de brillants, pour être suspendu au cou par une chaîne en or, comme une marque de sa royale faveur.

Le 17 Octobre, après plus d'un mois de réflexion, le Duc de Portland écrivait de nouveau ; il avait pensé, disait-il, que ç'aurait été pour le Général Paoli une satisfaction de plus d'être formellement décoré par le Vice-Roi de ce portrait, de telle manière que la remise prit la forme d'une investiture « la première et l'unique distinction de ce genre. »

Croira-t-on qu'après de si pompeuses annonces le portrait ne parvint jamais en Corse ! Il fut perdu, comment, quand, où, nous l'ignorons ; mais il n'arriva jamais à destination et Paoli fut amené à croire, comme il le déclarait lui-même à Sir Gilbert au printemps 1795, que les ministres anglais avaient intercepté et retenu cette marque de la faveur royale.

---

(1) Dès le mois de Mai précédent Sir Gilbert avait indiqué l'influence qu'une pareille lettre ou toute autre marque de la faveur royale aurait eu pour calmer l'irritation de Paoli.     (Note anglaise).

Si extravagante que paraisse cette idée, on ne doit pas oublier que Paoli était très porté à être soupçonneux, tendance caractéristique de sa race (1), et qu'il n'était nullement au courant de nos sentiments et de nos procédés nationaux, ce qui avait fait repousser par Sir Gilbert une pareille imputation comme insensée encore plus que puérile.

Mais là où l'affaire devient comique, c'est quand nous voyons les agents corses en Angleterre insinuer, en même temps, que le Vice-Roi lui-même avait bien pu soustraire le portrait entouré de brillants. « En entendant une chose pareille, dit le Duc, en racontant la scène dans une lettre adressée à Sir Gilbert, j'ai perdu complètement patience et je leur ai clairement déclaré que si les gentilshommes corses étaient capables de méconnaître à ce point là le caractère des gentilshommes anglais, il valait mieux cesser le plus tôt possible toutes relations entre eux et l'Angleterre (2). »

Nous avons montré que, dans l'intervalle qui s'est écoulé entre la réunion de l'Assemblée Nationale à Corte en Juin et l'arrivée de la nomination de Vice-Roi, la position de Sir Gilbert fut des plus difficiles, bien que ses relations avec

---

(1) Cette disposition à la méfiance ressort d'une manière frappante de la correspondance de Paoli que l'on a publiée. Quand M. North arriva d'Angleterre pour remplir les fonctions de Secrétaire d'Etat Paoli et ses amis espéraient fortement trouver en lui un *point d'appui* pour leur opposition au Vice-Roi. Déçu dans son attente, Paoli écrivait à l'un de ses amis : « Potrebbe darsi che goda che il vice-rè si perda — aveva egli qualche voce per successore. » *Lettere del Paoli*, v. XI — *Archivio Storico Italiano*, p. 543. (Note Anglaise).

(2) Ces gentilshommes à leur arrivée en Angleterre n'avaient pas, par leur conduite, répondu à l'attente de Sir Gilbert. Ils se contrariaient les uns les autres dans le but de faire reconnaître leurs droits personnels à une situation élevée, et comme le dit le Duc de Portland dans le style qui lui est particulier: « Ils avaient immédiatement manifesté leurs dispositions à l'intrigue. D'après les observations que j'ai faites, cette tendance est naturelle chez tous les étrangers en général, mais surtout chez ceux qui appartiennent à des états de second ordre. » (Note anglaise).

Paoli n'eussent jamais cessé d'être excellentes. Mais, dès que Sir Gilbert prit en main les rênes du Gouvernement, la scène changea et le mécontentement et la mauvaise humeur de Paoli ne tardèrent pas à se manifester. Toute mesure du Gouvernement devint le sujet de critiques hostiles ; tout aspirant malheureux à une charge reçut des marques compatissantes de sympathie, tout candidat heureux fut amené à croire qu'il devait son poste aux bons offices de Paoli. Sa résidence à Rostino se trouva être petit à petit le centre d'une opposition d'un caractère sinon redoutable, du moins ennuyeux, au point que le talent de fascination, qui donnait à Paoli un si grand ascendant sur ceux qui l'approchaient, fut employé à l'égard de personnes que leur situation aurait dû empêcher de prendre une part quelconque à la politique de Corse. Un ou deux officiers se laissèrent plus particulièrement entraîner dans le groupe des *frondeurs*, ne se rendant peut-être pas compte du mauvais effet certain que devait produire la vue de divisions parmi les autorités britanniques sur un peuple qui ne connaissait pas les limites que n'aurait jamais dépassées un Anglais, en faisant de l'opposition à un gouvernement sanctionné par son roi et son pays. « Dans ces conditions, écrivait Lady Elliot, le calme étonnant et la tranquillité ferme et peu commune de Sir Gilbert ne furent jamais plus nécessaires, mais la vie est pénible. »

Elle donnait probablement une idée exacte de la situation dans le passage suivant : « Le peuple en général est de cœur avec nous, mais Paoli paraît hostile à notre Gouvernement, pour l'unique raison que le Gouvernement est plus fort que lui et parce qu'il qu'il n'a pas été fait Vice-Roi, ce qu'il était impossible dès le début ; son âge (soixante-douze ans), le mauvais état de sa santé le rendent absolument incapable de tout travail suivi (1), mais il ne peut pas se faire à être un

_____

(1) Durant son séjour à Orezza, pendant l'été de 1794, Sir Gilbert s'était plaint plus d'une fois à sa femme de l'extrême lenteur avec la-

spectateur, quand bien même ses propres amis soient les ac-
teurs. » — « Un de ses principaux griefs, écrivait-elle encore, c'est que l'on ait employé des gens de tous les partis
et que l'on désire voir disparaître les anciennes inimitiés ;
cette mesure, bien entendu, comprend ses ennemis aussi bien
que ses amis ; des actes d'injustice qu'il avait commis ont
été réparés et l'on a rendu leurs propriétés à ceux qui en
avaient été dépouillés par lui parce qu'ils n'adoptaient pas
sa politique. » Sir Gilbert écrivait dans le même sens : « Il m'a
fait un grand reproche de ce passage de mon discours, dans
lequel je recommande à tous les partis l'union et la charité.
Cela attribue, dit-il, à des motifs personnels de haine sa conduite précédente en Corse. »

On ne doit pas perdre de vue qu'en Corse, en dehors des
deux grandes divisions d'opinion politique qui en ce moment-
là divisaient l'Europe en deux camps hostiles, il y avait une
variété infinie de petits antagonismes provenant de querelles
privées et d'inimitiés héréditaires. Le Gouvernement Anglais
était décidé à ignorer ces dissensions, ne voulant pas que
l'on se servit de l'autorité, de l'argent et des soldats britanniques pour ou contre l'une quelconque des factions corses.
« Sur ce point, j'ai été inflexible et, tant qu'a duré le gou-

---

quelle Paoli menait toute affaire. Lui-même d'ailleurs, dans une lettre
officielle adressée au *Cittadino Presidente Decano della Camera del
Parlamento*, donnait comme motifs de son refus d'accepter la Prési-
dence, son âge et ses infirmités. « La mia età, le indisposizioni penose
alle quali attualmente soggiaccio, non mi permettono in questa stagione
intraprendere disastrosi e lunghi viaggi a cavallo ; nè potrei sotto il
loro peso attendere alla Camera giornalmente e constantemente ecc. »
Rostino, 14 Febbraio 1794. (*Archivio storico Italiano*, Vol. II).

On doit remarquer que la candidature de Paoli à ce poste était contraire à cette clause de la Constitution qui voulait que le Président fut
pris dans le sein de l'Assemblée, ainsi qu'à la promesse donnée au gouvernement anglais qu'au moment de l'annexion de l'Ile, Paoli n'aurait
plus pris aucune part à l'Administration. (Note anglaise).

vernement provisoire, l'autorité Corse et l'autorité Anglaise ont suivi à ce sujet des voies différentes. Je crois de mon devoir de préférer les Paolistes aux autres, mais non à l'exclusion des autres (1). » 23 Mai 1795.

Un autre grief de Paoli, remontant à plus d'une année, ainsi que cela résulte des extraits ci-dessus mentionnés de la correspondance de Sir Gilbert, c'était sa conviction que le Gouvernement Anglais n'agissait pas loyalement à l'égard de la Corse. Il affectait de croire que Sir Gilbert n'était pas tenu au courant de la politique ministérielle, mais il lui avoua en causant (22 Mai 1795) qu'il croyait que le dessein du Gouvernement était de ne pas envoyer de renforts pour permettre à la France de reprendre l'Ile par un semblant de conquête et n'avoir pas la honte de la rendre par un traité. Cette étrange opinion pourrait être attribuée à la difficulté qu'avait Paoli à se rendre compte de la négligence apportée par les Ministres Anglais dans les affaires de Corse. Nous avons vu l'état de la flotte, en Février 1795, qui pouvait jusqu'à un certain point justifier cette idée que l'on avait renoncé à la défense sur mer ; en outre Paoli savait probablement que, six mois après l'arrivée de ses pouvoirs, le Vice-Roi n'avait pas encore reçu d'Angleterre une seule communication offi-

---

(1) « Il est incontestable qu'ici, ainsi que presque partout ailleurs, on constate beaucoup d'esprit de parti et, comme nous avons accepté la Corse de ceux qui passent pour être les amis de Paoli et de Paoli lui-même, j'ai toujours pensé qu'il y aurait bassesse et inconséquence à refuser de montrer ouvertement notre union avec eux.

» Toutefois j'essaierai d'empêcher l'exclusion totale des autres et j'encouragerai même, autant que je pourrai le faire avec prudence et à propos, l'admission de personnes de mérite et de familles de distinction qui peuvent n'avoir pas été précisément orthodoxes.

» Pour tâcher de faire disparaître les vieilles divisions et pour intéresser tous les partis à nous soutenir, il faut un peu de temps et peut-être même une main délicate. » Corte, 24 octobre 1794. Sir Gilbert au Duc de Portland.                                                      (Note anglaise).

cielle. Enfin, pour rendre encore plus difficile la situation de Sir Gilbert, Paoli entretenait une correspondance active avec les délégués Corses en Angleterre qui, faute de meilleures informations, lui fournissaient tous les canards du jour.

Mais ce qui mécontentait Paoli bien plus que tout ce qui précède était la confiance que le Vice-Roi avait en Pozzo-di-Borgo. Sir Gilbert déclare à maintes reprises dans ses dépêches qu'il avait trouvé dans Pozzo le seul collaborateur capable de déduire une considération générale d'un fait particulier. La carrière parcourue plus tard par Pozzo-di-Borgo confirma l'opinion que Sir Gilbert avait eue, dès le début, de ses capacités, mais pour ses compatriotes corses et surtout pour Paoli, il ne pouvait y avoir de paix, tant que Mardochée était sur la porte.

Les histoires les plus absurdes, telles que suppression arbitraire du Parlement, levée de troupes contre le Peuple, aveuglement obstiné du Vice-Roi pour leurs intérêts, étaient répandues aux dépens de Pozzo, et les propres lettres de Paoli qui ont été publiées montrent la jalousie insensée qui s'était emparée de son esprit. Il est à remarquer que ces mêmes lettres prouvent, peut-être à l'insu de Paoli, qu'il était convaincu que le mauvais gouvernement attribué au Vice-Roi était le résultat de son ignorance des besoins du peuple et des machinations méchantes d'autres personnes.

Telles étaient les relations de Sir Gilbert avec Paoli, mi-cordiales, mi-hostiles, car entre eux ils échangeaient toujours des marques d'une parfaite courtoisie, quand un incident, que l'on disait s'être produit à Ajaccio, fut pris par Paoli et par ses amis comme prétexte d'une rupture ouverte.

On s'appuya sur une prétendue insulte faite à Paoli, par la destruction et l'*assassinat* de son buste, qui aurait été retiré de la salle de danse par Pozzo-di-Borgo et Colonna, un des aides de camp de Sir Gilbert, dans des circonstances particulièrement offensantes. Sir Gilbert raconte l'histoire ainsi qu'il suit, dans une lettre adressée à Lady Elliot:

« Bastia, 2 Août 1795.

» Le Général Paoli fait le diable à quatre et furieusement. Il prend comme prétexte un mensonge absurde que l'on a inventé, à mon premier passage à Ajaccio. Le bataillon corse m'a donné un bal. Il paraît que dans la salle où nous devions danser, se trouvait un buste en plâtre de Paoli ; on a été obligé de l'enlever pour avoir de la place et pour pouvoir placer des ornements et des devises selon la circonstance. Je n'avais jamais connu l'existence de ce buste et je n'en avais même pas entendu parler, quand, dix ou douze jours après, Pozzo-di-Borgo reçut des lettres de Corte, informant que l'on avait dit à Paoli que son buste avait été insulté, mis en pièces etc... par le capitaine Colonna, son aide de camp.

» La vérité est que Colonna n'avait pas mis les pieds dans la salle et qu'à mon retour à Ajaccio j'ai vu le buste qui ne portait aucune trace visible de détérioration, si ce n'est qu'un peu de plâtre, de la quantité d'un pain à cacheter, avait disparu sur l'extrémité du nez et cette écorchure même paraissait ancienne.

» Pozzo-di-Borgo écrivit à Paoli pour démentir cette histoire. Paoli, dans sa réponse, la traita de vraie. Colonna écrivit à son tour pour nier le fait en donnant sa parole d'honneur. Paoli manifesta l'intention de ne pas répondre et, par sa correspondance, répandit l'histoire dans tout le pays, telle qu'on l'avait racontée tout d'abord. Pozzo-di-Borgo a été brûlé en effigie dans plusieurs villages et l'on est en train de signer une pétition pour me demander son renvoi. Tout cela, bien entendu, n'est qu'un prétexte et rien au monde ne pourra m'amener à céder d'un pouce. Si cette île est incapable de supporter un bon gouvernement il vaut mieux que nous l'abandonnions ; elle ne serait même pas digne d'un gouvernement mauvais, si jamais nous étions capables de faire un pareil essai. »

Dans la correspondance de Paoli que l'on a publiée se trouve une lettre (1) qui confirme les allégations de Sir Gilbert, qu'en dépit des dénégations de Pozzo et de Colonna, corroborées par le Vice-Roi, Paoli continuait à répandre « cette histoire » dans tout le pays; à l'instigation peut-être de ceux qui poursuivaient leur but en fomentant la discorde entre Paoli et le Gouvernement.

Aux yeux de Sir Gilbert cette affaire n'était qu'un prétexte pour se débarrasser d'un bon gouvernement. Aussi n'aurait-il eu probablement aucune objection à faire au récit de Botta qui dans son « Histoire d'Italie » attribue à maints motifs divers l'insurrection qui se produisit dans certains districts de Corse pendant l'été 1795 (2).

---

(1) « Rostino, 8 agosto. — Cari e buoni amici..... Il gesso fù rimosso e gettato per terra in una cameretta, ora abbandonata ad ogni uso..... Io che fu il caso la sera del ballo. Due processi verbali, uno del podestà della città, l'altro del procuratore della medesima, assicurano il fatto e l'assicurano le lettere particolari di quelli che hanno veduto il busto mutilato.

» Parve scintilla magnum excitavit incendium » — Erano quei signori arrabbiati per una risposta ch'io feci al Vice-Re: e quelle offese che fecero a quel pezzo di gesso l'avrebbero fatte alla mia persona. L'altra sera io scrissi a Balestrini e Savelli e li feci sentire che questo fatto più si esamina tanto più passerà. » Lettere di Pasquale Paoli. (Archivio storico italiano).

(2) « Frattanto non si confermava l'imperio inglese in Corsica, parte per l'inquietudine naturale di quella nazione, parte perchè i partigiani francesi vi erano numerosi, parte finalmente perchè i popoli attribuendo come sogliono, a quel nome di libertà più di quello che dare può, si erano dati a credere che ella dovesse indurre l'immunità delle tasse; poi si trovarono scaduti dalle speranze, si erano sdegnati, e gridavano avere solo cambiato padrone, non peso. Oltre a ciò grande era tuttavia il nome di Paoli in Corsica, e coloro che più amavano l'indipendenza che l'unione con gl'Inglesi, voltavano volentieri gli animi a lui come a quello che avendo contrastato l'acquisto della Corsica ai Francesi, poteva anche turbarlo agl'Inglesi.

Tutti questi motivi, o spartitamente o unitamente operando, facevano

Heureusement les chefs de la révolte étaient doués au suprême degré de cette sagesse qui constitue, dit-on, la réelle
vaillance, et ils ne tardèrent pas à se rendre compte des dangers qui les menaçaient si l'on en arrivait à des extrémités :
« La trahison, écrivait Sir Gilbert, est ici à l'ordre du jour
et les personnes qui jouissent de la confiance de Paoli n'ont
aucun scrupule à adresser sa correspondance aux membres
de mon gouvernement. »

Il résultait des lettres mêmes de Paoli que le Général était
en communication avec les républicains corses réfugiés à
Gênes et en France et qu'il faisait croire à ses partisans
dans l'Ile qu'il entretenait une correspondance suivie avec le
Roi de la Grande Bretagne. Le Vice-Roi allait être rappelé,
disait-il, lui Paoli devait être placé à la tête des affaires et
Moore aurait eu le commandement des troupes. Ayant en
main ces preuves de la participation de Paoli aux derniers
troubles, Sir Gilbert s'adressa aux Ministres pour demander
avec instance que le Général Paoli quittât la Corse et que
le Colonel Moore Adjudant-Général fût déplacé, soit en
obtenant de l'avancement, soit en permutant, les moyens les
plus conciliants devant être employés pour la mise à exécution de ces deux mesures. Quant au Colonel Moore, Sir Gilbert lui reprochait simplement de s'être occupé de la politique de l'Ile. Il le considérait « comme l'un des meilleurs
officiers de régiment en service. »

Dans ces mêmes dépêches Sir Gilbert faisait comprendre
que, d'après lui, tous ces désordres en Corse avaient été occasionnés par la lenteur et la négligence des ministres anglais qui tout d'abord avaient permis qu'un gouvernement
provisoire goûtât des pouvoirs d'une administration stable et

---

che non quietando gli animi, erano sorti parecchi romori in alcune pievi
quà dai monti, massimamente nei contorni di Ajaccio. » (Botta, *Storia
d'Italia*, Libro quinto, Vol. I, p. 310).

qui ensuite par leur incurie avaient donné un semblant de vérité au soupçon que le Vice-Roi n'avait pas leur confiance. Dans le cas, ce qu'il ne pouvait croire, où ce bruit aurait un certain fondement, Sir Gilbert exprimait le désir d'être rappelé immédiatement.

« Sir Gilbert, écrivait Lady Elliot (1), est bien décidé à ne prendre aucune mesure importante tant que son autorité n'aura pas été expressément confirmée d'Angleterre. Tout est calme pour le moment, mais Paoli dit à ses partisans que s'il faut engager une lutte, il a la promesse du Roi d'être soutenu avec des subsides en argent contre Sir Gilbert et les forces militaires anglaises.

» Dans toute cette affaire la folie n'a d'égale que la coquinerie. Sir Gilbert paraît croire que tout ceci prendra fin dès qu'il aura reçu les pouvoirs absolus qu'il attend d'Angleterre. En fait il en est déjà investi, mais devant un état de choses aussi grave il préfère sagement n'en user qu'après en avoir reçu la confirmation formelle..... En attendant il y a beaucoup de mécontents et d'esprits aigris et la situation de Sir Gilbert est réellement périlleuse. Il ne peut s'aventurer dans la campagne et il lui faut demeurer et rôtir à Bastia, en s'exposant ainsi à tous les dangers de la chaleur et des maladies. Il est très calme comme d'habitude. Il pense que le mécontentement actuel disparaîtra bientôt et il est résolu à ne donner satisfaction à aucune de leurs demandes. Il a reçu des pétitions des deux districts où réside Paoli, dans lesquelles on lui demande le renvoi du *Premier Ministre* Pozzo-di-Borgo ; je vous envoie sa réponse. Rien ne pourra l'amener à accueillir une requête qui n'est basée sur aucun fondement sérieux, si ce n'est que Pozzo-di-Borgo est un homme très capable et que d'autres qui ne le valent pas voudraient le remplacer.

---

(1) A Lady Malmesbury.

« Paoli est en guerre ouverte avec le Gouvernement. Je vous envoie ci-inclus son adresse au peuple ; vous verrez qu'il y fait profession de loyauté envers le Roi mais qu'il veut être le chef de l'Etat. »

Pendant qu'il rôtissait à Bastia Sir Gilbert ne trouvait pas de meilleure consolation que celle de détourner ses yeux « du ciel d'un bleu pur » qui était au-dessus de lui pour les reporter vers cette autre partie du ciel où des masses épaisses de nuages pesaient sur les collines de Lucca.

« Bastia, 17 Août 1795 (1).

» Je viens de recevoir vos lettres du 10 et du 11, l'une par le capitaine Vaumarel, l'autre par M. de Bosy, et j'ai été très heureux de recevoir la dernière une heure avant l'autre de sorte que j'ai appris que vous étiez tous rétablis avant d'avoir su que vous aviez été malades. Je remercie Dieu du changement de temps qui s'est produit ici hier. Durant plusieurs jours la température a été très lourde et accablante ; bien qu'il y eut du vent, l'air n'était nullement rafraîchi et j'étais très inquiet au sujet de vous autres. Je parais il est vrai supporter cette chaleur mieux que bien d'autres ; cependant mes occupations actuelles sont assez nombreuses et assez importantes pour qu'un climat débilitant ne soit vraiment de trop. Nous avons en ce moment de violentes pluies et quand cela a lieu après la mi-Août, la saison change, et l'on me dit que nous pouvons considérer la mauvaise saison comme passée..... Aux autres points de vue je vous répète que vous auriez tort de vous inquiéter et je dois vous mettre en garde contre les racontars ; partout en effet dans le monde on exagère, même sans mauvaises intentions, mais dans ces pays-ci on n'entend jamais la vérité même par accident.

» Des personnes ont quitté Bastia pour se rendre dans l'in-

---

(1) A Lady Elliot.

térieur du pays et ont relaté que tout ici était sens dessus
dessous, que la ville entière était contre nous, que je ne sor-
tais pas dans la journée, que je dormais la nuit dans la citadelle et que Pozzo-di-Borgo ne bougeait jamais sans être
escorté de huit gendarmes. Tout cela était complètement
faux et sans fondement aucun. Nous avons beaucoup d'amis
sincères qui se sont dignement conduits et je ne mets pas en
doute que tout finira par marcher mieux qu'auparavant;
mais pour cela il faudra plus d'un jour. Je dois recevoir
d'abord les réponses que j'attends de Londres. Quant à moi,
je suis à la fois fatigué par le travail et dégoûté de toutes les
bassesses dont je suis obligé d'être le témoin. Tant que j'ai
cru travailler au bonheur de ce peuple et à l'agrandissement
de la puissance et de la prospérité de l'Angleterre, j'ai été
satisfait de ma tâche et je n'ai jamais murmuré contre une
fatigue ou reculé devant un danger. Aujourd'hui je trouve
lourd le sacrifice de notre bonheur privé, de toutes mes es-
pérances, de tous mes desseins personnels et je regrette de
mettre en danger ma santé et ma vie en présence d'une aussi
monstrueuse ingratitude et peut-être avec la perspective
d'un échec dans la poursuite des deux buts que je me pro-
pose d'atteindre. Quand les désordres présents auront pris
fin j'aurai le droit de demander qu'un autre vienne peiner
à son tour et je ne manquerai pas de le faire. »


« 26 Septembre 1795.

» Les réponses que j'attends peuvent arriver de jour en
jour mais je ne compte pas les recevoir avant la fin du mois,
car le Duc de Portland, avant de me répondre, aura à con-
templer ses ongles et à lever ses lunettes de dessus son nez
sur son front durant quinze jours environ. Paoli a certainement chargé ses émissaires ici de dire à quelques-uns
de ses compatriotes qu'il a des lettres du Roi et que le

Roi les soutiendra contre moi avec des subsides en argent et en armes si je leur déclare la guerre. Il serait, je crois, plus simple de me destituer. »

Tout en attendant la réponse à ses dépêches, le Vice-Roi adopta une politique de conciliation. Il fit paraître une proclamation dans laquelle il rappelait les divers avantages qu'avait retirés la Corse de son annexion à l'Angleterre; l'île délivrée de l'anarchie et d'un gouvernement tyrannique; les existences et les libertés de son peuple assurées au prix du sang anglais; les plus fortes dépenses, son organisation militaire, l'approvisionnement de l'arsenal d'Ajaccio supportés par l'Angleterre; la sécurité sur mer procurée à ses commerçants par ses flottes anglaises; les droits de propriété rendus sacrés et inviolables; l'ancienne religion du pays respectée. Cette proclamation produisit un bon effet et Sir Gilbert put donner l'assurance à sa femme qui, suivant son désir, continuait à vivre à Lucques tant que duraient les troubles, qu'elle eût à bannir de son esprit toute crainte aussi bien au sujet des derniers résultats des désordres qu'au sujet de sa sauvegarde personnelle ; il avouait toutefois que Pozzo et Colonna étaient moins en sûreté que lui.

Dans le courant d'Octobre la confiance de Sir Gilbert fut justifiée par l'arrivée des dépêches d'Angleterre, dans lesquelles on approuvait hautement la politique poursuivie par lui depuis qu'il était à la tête du Gouvernement de la Corse et on admirait spécialement la patience dont il avait fait preuve à l'égard de Paoli et du Colonel Moore, tout en lui rappelant que les pouvoirs qui lui avaient été déjà accordés étaient plus que suffisants pour lui permettre de réprimer toute tentative d'opposition et d'expulser Paoli de l'Ile, ce qui était parfaitement exact; mais, connaissant mieux que son chef la situation personnelle et l'influence du Général Paoli, Sir Gilbert préférait agir avec la plus grande circonspection dans une circonstance si propice à une interprétation fausse. Aussi quand le moment inévitable du départ de Paoli arriva Sir Gilbert pensa qu'il convenait de lui rendre cette mesure le moins désagréable qu'il était possible. On le pria de se rendre en Angleterre sur l'invitation du Roi et on lui promit un supplément de 2,000 livres par an à sa pension pendant qu'il y résiderait. L'offre fut acceptée on peut dire sans hésitation — la seule alternative étant une révolte ouverte — et Paoli s'embarqua pour Livourne, accompagné jusqu'au vaisseau par le Vice-Roi avec toutes les marques de considération, pendant que la population voyait ce départ d'un œil indifférent et que les *Paolistes* se réjouissaient d'être sortis d'embarras (1).

« Paoli a écrit ici à ses amis, disait Sir Gilbert à Lady Elliot, que l'invitation du Roi est tellement grâcieuse qu'il désire avoir des ailes aux pieds comme Mercure pour être parvenu plus tôt à destination.

» J'espère que nous aurons maintenant un intervalle de tranquillité et que cela durera jusqu'à la fin de mon temps. Le Parlement doit se réunir à Corte le 15 novembre.

» Je désire que cette lettre vous parvienne sur les ailes de Mercure avant qu'on les boucle aux chevilles du Général (2). »

Après son départ de l'île, Paoli disparaît de la correspon-

---

(1) Le duc de Portland dans une lettre privée informait Sir Gilbert que les agents de Paoli en Angleterre se servant de Pietri comme porte parole attribuaient aux causes suivantes la mésintelligence qui existait entre Paoli et le Vice-Roi : « Votre confiance en Pozzo-di-Borgo etc. » Voir Bulletin, *Correspondance de Sir Gilbert Elliot avec son gouvernement*, T. II, p.

(2) Il est plus que probable que Paoli se ressentit de l'attitude de la population à ce moment là, car dans une de ses lettres qui ont été publiées, écrite plusieurs années après ces événements, il manifestait son intention de ne jamais retourner en Corse et il ajoutait qu'à deux reprises différentes il avait été obligé de partir au moment même où il avait espéré faire du bien par sa présence.

dance. « Il faudrait un long jour d'été pour le dépeindre » écrivait Lady Elliot à sa sœur. Toutefois les innombrables allusions à sa conduite et à ses qualités laissent une impression générale sur l'esprit d'un caractère dont le type était essentiellement Corse. La nature l'avait doué, à un degré remarquable, d'une intelligence vive, de perceptions rapides, d'une parole facile et agréable ; à ces dons, assez communs à sa race, il faut ajouter de grandes conceptions, une imagination brillante et une instruction solide. Il avait en même temps « les *défauts de ses qualités*. » La vivacité de son imagination le rendait facilement soupçonneux et c'est à cette tendance qu'il faut attribuer beaucoup du manque de franchise et de la pusillanimité que ses amis aussi bien que ses ennemis constataient dans sa conduite. La promptitude avec laquelle il concevait ce qu'il fallait faire pour son peuple semble lui avoir fait oublier qu'en réalité les Corses faisaient peu par eux-mêmes. Il montra qu'il était réellement un des leurs en ne les heurtant jamais dans leurs défauts criants, l'ambition et l'esprit de vengeance. Que ce fût un homme doué de facultés remarquables, on ne saurait le mettre en doute, bien que l'âge les eût beaucoup affaiblies avant que Sir Gilbert le vît pour la première fois. Pour Lady Elliot « c'était un grand acteur et l'on riait, disait-elle, en lisant le livre de Dumouriez où il était représenté comme un héros. » Mais l'histoire de la première partie de sa vie justifie le titre que lui donne Dumouriez, tandis que le récit fait sur son compte par Boswell tend à confirmer l'opinion de Lady Elliot. Il était sans aucun doute possédé en entier par l'instinct dramatique de la grande race artistique d'où il était sorti, qui a produit, en fait, les types idéaux des plus grands rôles qui aient jamais été joués sur la scène du monde, comme césars, tribuns, prêtres ou *prime donne* (1). Nous sommes portés à

---

(1) L'esprit de l'époque peut avoir encouragé ces tendances naturelles, le XVIII<sup>e</sup> ayant été le siècle le plus comédien que le monde ait jamais

croire que si, de son côté, le Gouvernement Britannique avait été un peu plus accessible au sentiment dramatique, les Anglais et leurs alliés corses auraient pu mieux se comprendre.

Deux ans avant environ que son mécontentement vint à son point extrême, Paoli s'était préparé à draper sa robe et à tomber avec dignité en Père de la Patrie s'immolant lui-même ; qu'a-t-il dû penser de ceux qui, au lieu d'entourer ses obsèques politiques de marques d'honneur, agirent comme s'ils pensaient que son héritage contenait à peine de quoi payer les droits de succession ?

En réponse à une lettre, dans laquelle Sir Gilbert se plaignait de la négligence avec laquelle on le traitait, M. Windham écrivait :

« Londres 28 Août 1795.

» Mon cher Sir Gilbert,

» Votre lettre etc. (1). »

Dans le but d'abandonner le plus vite possible un sujet désagréable — qui nous choque comme une fausse note dans l'harmonie de la vie de Sir Gilbert — nous renfermerons dans le chapitre de son dissentiment avec Paoli son désaccord avec le Colonel Moore qui n'a eu d'autre cause que le précédent. Les dépêches qui invitaient Paoli à se rendre en Angleterre contenaient en même temps le rappel de Moore et

---

vu. Voyez en Angleterre Chattam drapant ses flanelles et maniant sa béquille, Burke et sa dague, Wolfe et son épée flamboyante avec laquelle il jetait la terreur dans les âmes de Pitt et de Temple; en France tout un peuple conduisant une mascarade sur les *biens* des autres nations anciennes et modernes, pendant que le grand roi soldat prussien lui-même tenait à convertir ses sujets en Français.

(Note de l'auteur anglais).

(1) (Voir Bulletin, *Correspondance de Sir Gilbert avec son Gouvernement*, Vol. II, p. 127).

il y était dit que le Colonel devait quitter l'Ile dans les quarante-huit heures. « Je n'ai jamais demandé ni approuvé une
pareille mesure », écrivait Sir Gilbert à Lady Elliot. C'était
le Duc de Portland qui répondait ainsi à une dépêche confidentielle dans laquelle le Vice-Roi avait simplement demandé
le déplacement de Moore pour un autre poste ; la requête
était basée sur ce que Moore avait montré ouvertement ses
sympathies politiques.

Cette fâcheuse mesure du Duc de Portland eut pour résultat de placer Sir Gilbert dans une situation pénible et
embarrassante sans qu'il eût fait quoique ce soit pour le mériter ; il écrivait lui-même dans une dépêche privée au Duc
de Portland : « Il est certainement triste pour un homme
public de ne pouvoir faire connaître confidentiellement à son
chef ce qu'il pense du jugement, du tact et du caractère de
ses collaborateurs sans avoir l'air de diriger contre eux une
accusation publique. » Dès que Moore rentra en Angleterre,
M. Dundas, pensant probablement qu'on s'y était mal pris
à son égard, lui donna de l'avancement, mesure qui, ainsi
que nous l'avons vu, avait été suggérée par Sir Gilbert lui-
même au Duc de Portland comme le moyen le plus propre
pour rappeler de Corse (1) cet officier.

La nouvelle de l'avancement de Moore, suivant immédiatement ce qu'on pouvait appeler une expulsion de Corse, à
la demande de Sir Gilbert, donna lieu à de nombreuses in-
terprétations fausses de la part des partisans de la côterie
qui venait d'être battue dans l'Ile.

« Le Colonel Moore », écrivait Sir Gilbert à M. Elliot de
Wells, « a écrit à son ami le colonel Oakes pour lui dire
qu'il vient d'obtenir un commandement à Saint Domingue ;

---

(1) Le Duc de Portland semble n'avoir jamais communiqué aux autres
ministres la correspondance de Sir Gilbert.

loin de désapprouver cette mesure j'en suis fort aise, car j'ai demandé avec insistance que la conduite repréhensible qu'il a tenue ici ne lui fût pas préjudiciable pour l'avenir de sa carrière ; mais il ajoute en même temps qu'il a été reçu à bras ouverts par le Roi et tous les Ministres et qu'il a été comblé de prévenances ; on lui a dit qu'on avait *très mal agi* à son égard et on lui a offert de choisir le commandement qu'il désirait ; aussi m'est-il très obligé de l'avoir servi sans en avoir eu l'intention. Cette lettre passe entre les mains de tous ceux qui veulent la lire. »

Sir Gilbert pendant ce temps envoyait en Angleterre un rapport détaillé sur tous les faits qui l'avaient amené à demander le rappel de Moore. Une lettre qu'il recevait peu après de M. Elliot contenait le passage suivant: « Votre dépêche a produit une impression profonde sur Dundas qui a déclaré que, s'il l'avait reçue avant d'avoir donné de l'avancement à Moore, il ne l'aurait plus fait. » Cet avancement pourtant ne fut jamais un sujet de regret pour Sir Gilbert ; mais il ne se fit aucun scrupule de manifester son ennui à la suite de la conduite précipitée et inconsidérée du Duc de Portland dont il devait ressentir les effets quelque temps même après avoir quitté la Corse.

L'armée et la marine étaient ouvertement en désaccord au moment où Sir Gilbert rejoignit la flotte en vue de la Corse, avant l'attaque de Saint Florent par les forces navales. Sir Gilbert, « tout en désirant ne pas donner son opinion sur des matières militaires qui étaient en dehors de ses attributions, » ne pouvait pas cacher ses sympathies pour l'ardeur et l'esprit général qui animaient les commandants de l'armée de mer. Il en résulta, du moins telle fut l'opinion de Sir Gilbert, que les militaires le tinrent en suspicion et éprouvèrent un grand mécontentement quand, à la suite de son élévation à la Vice-Royanté, ils se trouvèrent sous son commandement. Dans tous les cas il est incontestable qu'au moment où son administration rencontra des difficultés en Corse, le parti hostile à sa politique trouva un appui dans les cercles militaires de la société.

Durant son séjour en Corse, Sir Gilbert contracta des relations d'une amitié étroite et durable avec les membres les plus éminents du service de la marine. Et si ses rapports avec les militaires furent moins satisfaisants en général, quoique parmi eux aussi il eût des amis véritables, on ne doit pas oublier que les événements dans les autres parties du monde confirmèrent l'opinion qu'il s'était formée à ce moment-là de l'officier de l'armée anglaise. « Beaucoup d'entre eux sont également remarquables par leur crainte d'encourir une responsabilité personnelle et par leurs grandes prétentions (1), état de choses qui amène toujours des conflits avec les militaires, quand ils ont à faire à des alliés étrangers, soit avec une autre branche de service (2) ».

## V.

L'hiver de 1795-96 trouva la famille réunie de nouveau en Corse et le printemps de 1796 commença sous d'agréables

---

(1) Dès le début de la Vice-Royauté de Sir Gilbert, une collision se produisit entre l'autorité militaire et l'autorité civile de Bastia. Elle eut pour cause un ordre hautain signé par le général Stuart dans lequel on demandait à la municipalité de Bastia la mise en liberté d'un Corse emprisonné par ses soins. La municipalité et la population de Bastia se ressentirent naturellement de cette intervention dans leurs attributions civiles. Le Vice-Roi là-dessus non seulement donna tort au général Stuart pour ce fait particulier, mais il déclara même : « Qu'il ne devait pas y avoir dans l'Ile d'autorité indépendante de celle dont les pouvoirs avaient été définis et délimités par la Constitution. »

(2) Sir Gilbert à Lady Elliot.

auspices auxquels on était peu habitué. Deux régiments
étrangers (1), l'un de Suisses, l'autre d'*Emigrés* français
avaient été envoyés en Corse pour aider à la défense de l'Ile ;
et parmi leurs officiers il y en avait plusieurs dont la société
était une véritable ressource. « Le régiment suisse de Rolle, »
écrivait Lady Elliot, « est réellement beau. Le lieutenant-colonel est un homme charmant ; il était capitaine des Gre-
nadiers-Gardes de service le fameux ou mieux l'*infâme*
10 Août. Lui et trois autres officiers furent, je crois, les
seuls de tout le régiment qui échappèrent avec quatre-vingts
soldats épars. Il a dîné ici hier ; il m'a raconté dans ses
détails cette épouvantable scène ainsi que sa fuite miraculeuse
et il va me donner par écrit l'histoire de tous les événements
qui ont précédé ce jour horrible. Le régiment de Dillon (2)
est très bien composé. Il y a un vieil officier, chevalier de
Saint Louis, qui est simple soldat, et un autre dont le fils est
son propre sergent. Il faut qu'ils aient réellement du caractère. Un fait désolant s'est produit ici. Un des officiers qui
était à la suite, mais qui se croyait sûr d'être placé, apprit à
son arrivée lundi dernier, (c'est aujourd'hui samedi), qu'on allait lui enlever son grade. Il était un peu souffrant à ce moment-là et son désappointement fut si grand et sa douleur si
forte que presque immédiatement il s'évanouit et hier il décé-
dait. Il disait à toutes les personnes avec lesquelles il parlait :
« Vous, vous n'allez pas être dégradé. » Il a une femme,
une mère et une fille en Allemagne et il vivait presqu'*avec*

---

(1) Ces régiments n'arrivèrent en Corse qu'en 1796.
(2) « Dillon est aussi du goût des vice-reines, » écrivait Lady Elliot à
sa sœur. « C'est un gentilhomme tout à fait bien élevé et il a un petit air
d'ennui qui n'est pas sans charmes. » C'était évidemment un charmant
*conteur* suivant la mode de l'époque, alors que le monde avait les loisirs
d'écouter. Il dessinait en même temps dans la perfection, comme le
prouvent encore des croquis qu'il fit pour Lady Elliot.

*rien* durant son voyage pour leur envoyer sa solde. Nous avons comme enseignes et comme capitaines des ducs et des princes qui avaient autrefois 10 ou 15,000 livres de rentes par an. J'affirme que je me trouve malheureuse au milieu d'eux et que je considère comme une impertinence d'être à mon aise. »

Malgré cela ils supportaient leur pauvreté avec bonne humeur et philosophie ou peut-être avec ce parfait savoir vivre qui empêche un homme bien élevé de troubler les plaisirs des autres en leur faisant connaître ses soucis personnels. « Par leurs rires ils chassaient bien loin le sentiment de leur misère (1). » Quand à leur présence s'ajoutait celle des officiers de la flotte anglaise, les réceptions de Lady Elliot, dans son jardin battu par les flots, réunissaient ensemble les notabilités du passé et les héros de l'avenir ; ceux qui avaient brillé dans les cours et ceux dont dépendait l'existence des cours.

Trois d'entre eux pouvaient être pris comme types du passé du présent et de l'avenir de la France Monarchique. Edouard Dillon, mieux connu sous le nom du Beau Dillon, qui avait figuré avec éclat, grâce à ses avantages personnels, à la brillante cour de la pauvre Marie-Antoinette.

Le Baron de Rolle qui, lorsque cette cour s'éparpillait en se fondant, « comme des tourbillons de neige en automne », maintenait noblement son honneur de soldat et ne remettait son sabre au fourreau que lorsque ses souverains étaient devenus captifs et que leurs derniers défenseurs avaient péri.

Pozzo-di-Borgo dont la haine pour Bonaparte et l'influence auprès de l'Empereur Alexandre allaient largement contribuer à amener la restauration des Bourbons et qui devait lui-même, un des premiers, rentrer au Palais des Tuileries avec les Souverains Alliés.

------

(1) Le *Traveller* de Goldsmith.

Avec ceux-là venait parfois un homme qui, plus que tout autre pour biens des années, devait mettre en échec la Puissance aux pieds de laquelle l'Europe continentale rampait ; Nelson qui, avec une grosse tête et des manières simples, avait un cœur de héros.

L'hiver se passa tranquillement et Sir Gilbert put espérer voir la bonne harmonie régner entre le Gouvernement et la population. Dans une de ses dépêches au Duc de Portland il exposait que la seule base sur laquelle pouvait s'appuyer l'occupation anglaise était la coopération sincère du peuple avec les autorités.

« Personne n'a jamais été plus explicite que moi sur un pareil sujet. Dès le début, j'ai toujours déclaré, dans mes discours aussi bien que dans mes lettres, que nous ne pouvions pas, que nous ne voulions pas conquérir la Corse et que nous n'entendions gouverner ce pays que du consentement des habitants. Mais je n'ai jamais pensé qu'un peuple quelconque, celui-ci moins que tout autre, pût rester continuellement dans un état parfait de tranquillité et que parfois nous n'eussions à nous trouver en présence de désordres locaux et partiels. D'un autre côté, il aurait été absurde de vouloir maintenir ce gouvernement par la *force*, au mépris de la volonté des habitants en général ; mais il ne serait pas moins honteux, je dirai même ridicule, d'abandonner tout un peuple qui nous est fidèlement attaché, uniquement parce que, à un moment donné, des troubles ont éclaté dans quelques districts (1). »

Les événements du printemps, c'est à dire les désastres du Piémont, la soumission du Roi de Sardaigne, le retraite des Autrichiens à Mantoue, produisirent un sensible effet « en

---

(1) Dépêche du Vice-Roi au Duc de Portland. Bastia, 8 avril 1796. (Voir Bulletin, *Correspondance de Sir Gilbert Elliot avec son Gouvernement,* Vol. 1er, p. 386 et s).

relevant le courage des ennemis de l'Angleterre et en décourageant ses amis. » Une insurrection, suscitée par des émissaires français et confinée tout d'abord à quelques villages, s'étendit dans l'intérieur de l'Ile tellement en secret et avec une telle rapidité que Sir Gilbert, qui s'était rendu à Corte pour être plus près du théâtre des opérations et qui avait accompagné les troupes, à une certaine distance de la ville, alors qu'elles se dirigeaient sur Bocognano, aurait eu toute retraite coupée par les insurgés, s'il n'avait été averti en temps opportun que ceux-ci s'étaient assemblés en nombre dans les environs et qu'il était nécessaire pour lui de rentrer immédiatement à Corte, qu'il regagna en sûreté.

Malgré cela sa situation était très difficile et très délicate, les deux voies qui lui étaient ouvertes, celle de la sévérité aussi bien que celle de la conciliation se trouvant toutes deux remplies de dangers pour l'avenir des bonnes relations du Gouvernement avec le peuple. « Il aurait été facile, » écrivait-il dans l'une de ses dépêches, « de les chasser de leurs positions et de les battre en champ découvert, mais j'avais tout lieu de craindre qu'une lutte entre les troupes et le peuple qui s'était assemblé en cette occasion ne devînt le signal d'une guerre civile. »

Heureusement les insurgés n'étaient pas moins désireux de ne pas pousser les choses è l'extrême et, dès qu'ils montrèrent qu'ils étaient disposés à traiter, Sir Gilbert consentit à écouter leurs griefs.

On chargea des personnes de recevoir leurs propositions et ils exprimèrent le désir d'adresser des pétitions avec l'exposé des causes de leur mécontentement. C'est ce qu'ils firent, après avoir passé deux jours à discuter entre eux, durant lesquels, supposa-t-on, les chefs et le peuple ne furent pas d'accord sur leurs demandes. Dans tous les cas, l'élément corse prévalut à la fin ; car lorsque les pétitions arrivèrent, elles ne renfermaient aucune allusion à ce qu'on pouvait appeler des questions constitutionnelles, et on n'y faisait point montre de sentiments républicains ou anti-anglais, mais elles contenaient des plaintes réellement corses contre les impôts en général et on y voyait percer, ce qui était également national, une jalousie invétérée contre les Corses qui occupaient des charges. Les pétitionnaires demandaient que tout le *personnel* corse de l'administration fût changé, que le Conseil d'Etat, Pozzo-di-Borgo en tête, fût jeté en prison, que le Parlement fût dissous et que celui qu'on allait élire à nouveau ne siégeât jamais à la portée du canon. Sir Gilbert, après avoir pris l'avis de ses ministres, résolut d'accorder la dissolution du Parlement, d'accepter les démissions de cinq membres de l'administration qui les lui avaient remises en apprenant la nature des pétitions et de prendre en considération l'impôt foncier et les gabelles. On ne tenait aucun compte des autres demandes.

Le peuple se montra satisfait de ces concessions et remercia le Vice-Roi, lui offrant de faire la haie sur son passage à son départ de Corte et de jeter à terre ses armes en signe de soumission. « Dans toute cette affaire, » écrivait Lady Elliot, « on a donné des preuves d'attachement envers les Anglais et d'antipathie à l'égard des Français. Ils ont même dit à l'un de leurs chefs que s'il leur proposait jamais de redevenir Français il aurait joué sa tête. Ils ont toujours dit qu'ils en voulaient à leurs propres concitoyens et dans leur camp ils criaient : *Viva il Rè, il Vice Rè e gl'Inglesi.* »

Ces événements donnèrent plus de force à l'opinion qui se répandait parmi les Anglais qu'à moins que l'on n'eût recours à des mesures bien plus vigoureuses que celles qu'avait employées jusqu'ici le Ministère Anglais, il aurait été impossible de garder la Corse pendant que la France menaçait la Sardaigne et Livourne et que la population de l'Ile était naturellement impressionnée par les merveilleux triomphes des armées françaises sous la conduite d'un général corse.

« Le plus grand désavantage dont nous ayons à souffrir, écrivait Sir Gilbert (1), est sans aucun doute le progrès des armées françaises en Italie. En dehors de l'impression générale que chaque nouveau triomphe de la République peut produire sur le reste de l'Europe, la conquête de l'Italie, ou même sa soumission aux volontés de la France, aura directement sur nous l'influence suivante : la flotte et l'armée s'approvisionnent uniquement à Livourne et l'on s'attend généralement de jour en jour à ce que la Toscane soit obligée de nous refuser toute aide à l'avenir et il y a lieu de craindre que l'on n'impose de pareilles conditions aux Etats du Pape et au Royaume de Naples comme premier article de la paix qu'ils pourront obtenir. »

« D'après de grandes probabilités, l'Ile de Sardaigne sera cédée à la France et dans ce cas l'ennemi pourra faire parvenir en Corse des troupes et des approvisionnements. »

. . , . . ∘ . . . . . . . . . . . . . . . . . .

« Les bruits qui commencent à circuler d'une rupture avec l'Espagne contribuent à faire douter de la durée du gouvernement actuel. »

Toutes ces circonstances donnaient à prévoir un abandon prochain de la Corse par la Grande Bretagne et justifiaient la turbulence des habitants de l'Ile.

« Agissant ou souffrant il est malheureux d'être faible » était à ce moment-là la note dominante de la correspondance publique ou privée du Vice-Roi.

« Nous ne pouvons pas garder la Corse, écrivait-il à l'un des Ministres, contre la volonté du peuple entier. Nous le pourrions que nous ne le devrions pas. Mais si nous sommes en état de disposer d'un nombre suffisant de troupes anglai-

_____

(1) Dépêche au Duc de Portland. Bastia, 5 juin 1796. (Voir Bulletin, *Correspondance de Sir Gilbert Elliot avec son Gouvernement*, Vol. 1er, p. 406).

ses pour maintenir les places fortes de l'Ile, avec l'assistance
de la flotte pour repousser les attaques de l'extérieur, nous
aurons le peuple entier favorable à notre cause, quand il
saura que nous pouvons faire cela. On nous défiera si nous
sommes faibles, tandis que les petites puissances s'attacheront
à nous si nous sommes forts. »

Sir John Jervis et le Commodore Nelson partageaient sur
ce point l'opinion de Sir Gilbert. « Avec des ports de refuge
pour notre flotte, une position pour nos troupes et les approvisionnements que pouvait fournir la Corse pour nos troupes, ils ne doutaient point que nous ne puissions commander
la Méditerranée et protéger ou menacer les côtes d'Italie suivant qu'elles seraient au pouvoir d'amis ou d'ennemis, sans
nous voir dans la triste nécessité de soutenir des alliés inca-
pables. »

La cession projetée de la Sardaigne à la France donna
lieu à différentes dépêches dans lesquelles Sir Gilbert appelait avec insistance l'attention du Gouvernement sur les résultats désastreux d'un pareil événement pour la Grande
Bretagne ; il suggérait même de proposer à la Cour de Turin
de faire occuper l'Ile par des troupes anglaises pendant la
guerre. Les relations des Sardes avec la Cour avaient été
aussi mauvaises que possible dans les derniers temps et il
était à croire que les deux parties auraient trouvé leur avantage dans l'arrangement indiqué.

Sir Gilbert s'exprimait ainsi au sujet des derniers mouvements insurrectionnels de Sardaigne. « Il serait bon de connaître le véritable sentiment de la plus grande partie de la
Sardaigne concernant les derniers événements, car il arrive souvent qu'une révolte en apparence générale n'émane
que du petit nombre. Ceux qui concourent à ces faits ou qui
les acceptent, ne se sentant pas assez forts pour résister au
courant des événements, finissent par commettre des actes
qui les auraient fait reculer d'horreur si on les leur avait

tout d'abord présentés. » Sir Gilbert pensait que, dans le cas
où l'on aurait songé à faire subir au Gouvernement le changement qu'il proposait, le consentement absolu et sincère des
Sardes eux-mêmes était indispensable : « C'est à cette seule
condition que ce projet peut mériter un moment d'examen. »

La négligence des correspondants d'Angleterre était telle
que Sir Gilbert reçut rarement de réponse à ces lettres :
« Leur silence est inexplicable, inconcevable en présence du
tort qu'il fait; je sais cependant qu'ils s'intéressent à cette
cause et que ce sont pour moi de bons amis. »

« Vous me demandez si l'on abandonnera la Corse; c'est
une question à laquelle ou ne peut répondre que d'Angleterre, » écrivait Lady Elliot à Lady Malmesbury, « et voilà
huit mois que nous n'en avons reçu aucune nouvelle officielle (1). »

L'un après l'autre, tous les petits pays étaient entraînés
dans le tourbillon de l'influence française.

Le 15 Mai 1796 un traité de paix (2) était signé à Paris

---

(1) 8 juin 1796. Quand enfin un messager arriva d'Angleterre, il était
porteur, avec d'autres dépêches, d'une lettre privée du Duc de Portland
contenant le passage suivant qui se passe de commentaires : « Vous ne
devez pas oublier que la possession de la Corse n'est pas plus agréable
au public que celle de Gibraltar et que les dépenses qu'elle entraîne ne
sont pas de nature à la rendre populaire. Rappelez-vous que nos dignes
compatriotes ne sont pas entendus en politique étrangère ; ils savent
assez bien faire un compte ; mais ne leur parlez pas de puissance ou
même de protection au-delà de La Manche ; la masse de la population
de ce pays est incapable d'en sentir la nécessité ou d'en comprendre la
valeur. » A ce moment même l'amiral Jervis bloquait Toulon que durant
six mois il ne perdit jamais une seule heure de vue et ce blocus n'aurait
point été possible si l'on n'avait pas communiqué chaque jour avec la
Corse.

(2) Le 23 avril le Roi de Sardaigne avait demandé une suspension
d'armes et envoyé des plénipotentiaires à Gênes pour traiter. Les Français demandaient, comme condition de cet armistice, la cession de deux
des trois forteresses de Coni, d'Alexandrie et de Tortone ; mais quand

entre la France et la Sardaigne. Le 16, Nelson écrivait à Sir Gilbert : « Je suis réellement persuadé que l'Angleterre, qui a commencé la guerre avec toute l'Europe pour ses alliés, la finira en ayant contre elle à peu près toute l'Europe. »

A la suite de la Paix de Paris, le Pape ferma ses portes aux Anglais et ce fut grâce aux vigoureux efforts de Sir W. Hamilton, soutenu par le Vice-Roi, que Naples n'en fit pas de même. « Dans ce pays bouleversé, divisé par des luttes intestines, on déteste et on abhorre en général les Français, on promet formellement d'agir contre eux, mais en même temps on est tout disposé à conclure la paix et il est même dit que l'on traite dans ce but. » Si réellement ses moyens de résistance se bornaient aux troupes qui avaient formé le contingent napolitain de Toulon, il est difficile de blâmer la conduite de Naples à ce sujet.

Lady Elliot à Lady Malmesbury.

« Bastia, 24 Mai 1796.

» Les progrès des Français en Italie ont dû parvenir jusqu'à vous et, si vous êtes comme moi, vous ne devez pas être étonnée des succès de leurs entreprises. Nous avons appris hier qu'ils étaient à Milan et que Beaulieu s'était retiré à Mantoue. Il a laissé, nous a-t-on dit, une forte garnison dans la citadelle de Milan avec ordre de résister jusqu'à la fin ; mais que peut-on faire contre la force des Français et contre les tendances de la majorité des habitants partout où ils ar-

---

les conférences furent ouvertes, Bonaparte exigea la possession de toutes les trois et de tout le pays conquis entre le territoire génois et le Pô. Ce traité fut signé le 28.

Le Duc de Parme suivit l'exemple et la fortune du Roi de Sardaigne et il fut le premier, des souverains d'Italie, à être dépouillé de ses œuvres d'art.

En entrant à Vérone, Bonaparte annonça que si Louis XVIII n'avait pas quitté ses murs avant son arrivée, il aurait livré la ville aux flammes.

rivent ! Les pauvres, dans tous les états, sont plus nombreux que les riches et ils sont tous favorables au nouveau système de pillage qui peut leur rapporter (1) »

Un mois après la paix de Paris Livourne était au pouvoir des Français et, au mépris de la neutralité du Grand Duc, le canon des forts était dirigé sur les navires Anglais qui étaient en rade.

Dans une lettre écrite à sa sœur, les premiers jours de Juin, Lady Elliot raconte la manière rapide dont se sont produits ces événements. Pour fuir la chaleur de Corse, au moment de la saison la plus malsaine, elle s'était hasardée à se rendre sur le continent avec ses enfants ; elle y avait été engagée par l'assurance qui lui avait été donnée par le Ministre de Sa Majesté à la Cour de Toscane (2) que les Français avaient l'intention de respecter la neutralité de la Toscane. Elle se trouvait dans les environs de Pise quand elle apprit l'arrivée des Français à Bologne. A cette nouvelle elle fut immédiatement convaincue que l'on se serait passé d'un prétexte plus ou moins justifiable et que l'on aurait bientôt envahi la Toscane (3).

« Malgré l'assurance, écrivait Lady Elliot à sa sœur le 26 du mois, après son arrivée à Bastia, malgré l'assurance que m'avait donnée M. Windham qu'il n'y avait aucun danger en Toscane, je pris la liberté de n'écouter que mon bon sens

---

(1) Dans une proclamation, datée du 19 mai et adressée au peuple de Lombardie, Bonaparte, après avoir parlé de la fraternité des nations, demande une contribution de 20,000,000 de francs qui devait être levée sur les riches, les classes aisées et les corporations religieuses ; les indigents seuls devaient être épargnés.

« Cette contribution devait être frappée sur les riches, sur les gens véritablement aisés, sur les corps ecclésiastiques et épargner la classe indigente. » *Napoléon*, par LANFREY.

(2) M. Wyndham.

(3) Les ordres du Directoire, autorisant Bonaparte à faire *main basse* sur Livourne, étaient datés du 7 mai.

et ma propre raison; du moment que j'ai appris que 22,000 hommes étaient arrivés à l'improviste à Bologne, j'ai prévu ce qui allait s'ensuivre. Ils déclarèrent qu'ils venaient *en amis*, sur l'invitation du peuple, et ils donnèrent *une heure* au légat du Pape pour quitter la ville avec tout ce qui lui appartenait. La garnison fut faite prisonnière et envoyée à Milan. Le matin où je quittai Pise je reçus un exprès de Modène et un autre de Lucques m'informant que les Français étaient à Bologne et qu'ils pouvaient avoir l'intention de faire *un coup de main* sur Livourne. Il y avait lieu, me disait-on, de croire qu'un petit détachement allait être envoyé par un sentier à travers les montagnes de Modène aux bains de Lucques et que, étant données les circonstances particulières de ma situation, j'aurais été exposée à de grands périls, les Français pouvant songer à me faire prisonnière avec mes enfants. Je résolus immédiatement de rentrer en Corse; mais le vent était très fort et contraire; les embarcations elles mêmes ne pouvaient pas parvenir aux navires. Le jour suivant le vent ne tomba pas; et dans la soirée M. Windham dépêchait un messager pour dire que les Français avaient demandé ce jour là à faire passer à travers la Toscane de 7,000 à 10,000 hommes et qu'ils pouvaient envoyer une garnison à Livourne. Le vent avait un peu faibli, mais il était toujours contraire; cependant le capitaine Freemantle conduisit les enfants à bord du « Dauphin » qui mouillait à un demi-mille du rivage, (vers les huit heures du soir). Il jugea cette précaution nécessaire, craignant que d'autres nouvelles ne produisissent de la confusion dans la ville qui était à moitié remplie de républicains français. Le lendemain matin à huit heures, je reçus un message par lequel le Gouverneur de Livourne m'engageait à partir sans tarder; un exprès, venu de Pistoja, lui avait annoncé que l'avant-garde de l'armée française était déjà arrivée dans cette ville et que 7,000 hommes s'avançaient et se trouvaient à ce moment-là à deux postes

de Pistoja ; ce corps comprenait 3,000 cavaliers, tous montés
sur des chevaux qui venaient d'être réquisitionnés à Boulo-
gne. Nous ne perdimes pas un instant. Le capitaine Freemantle avait eu la précaution de tenir son embarcation prête ;
il nous y conduisit en prenant des rues écartées ; nous arrivâmes, Eléonore et moi, à bord du « Dauphin » complé-
tement terrorisées. Le vent avait heureusement changé depuis deux heures et était devenu favorable. Toutefois, comme
le capitaine du « Dauphin » était à terre, nous restâmes durant environ deux heures à la portée du canon de la ville.
Le capitaine Freemantle nous envoya un bateau pour donner
l'ordre que le navire levât immédiatement l'ancre ; il avait
vu le capitaine du « Dauphin » qui nous avait suivi dans un
petit bateau à voile, et nous recommandait, pour l'amour de
Dieu, de ne pas l'attendre. Plusieurs hommes de l'équipage
n'avaient pas encore regagné le bateau, de sorte que nous
n'avions pas assez de marins pour lever les ancres ; nous
eûmes recours aux hommes de l'*Inconstant* qui se trouvait
près de nous et nous mîmes à la voile vers deux heures,
après être restées à bord depuis neuf ou dix heures dans
l'état d'esprit le plus inquiet qu'il soit possible d'imaginer.
Si la ville s'était soulevée, nous n'aurions jamais pu nous embarquer et si le vent n'avait pas changé nous aurions été sous
le feu des forts. Nous avons eu une très belle traversée et
nous sommes arrivées hier à quatre heures. Je ne pouvais
qu'être frappée du contraste ; le jour avant je m'étais sauvée,
n'ayant que les vêtements que j'avais sur moi, et j'étais reçue
ici avec toutes sortes d'honneurs, salves de canon, acclama-
tions, les rues pleines de monde, véritablement *en reine* ».

La conquête de Livourne par les Français fut le signal de la
prise immédiate des forts et de la ville de Porto-Ferrajo en l'Ile
d'Elbe par Lord Nelson ; celui-ci agit d'après les ordres de Sir
Gilbert qui fit preuve en cette circonstance de cette vigueur et
de cette décision prompte et énergique qui devaient le distin-

gueur plus tard dans la partie les plus mémorable de sa carrière, quand il fut appelé au gouvernement des Indes. Sir Gilbert, aussi bien que les commandants des forces militaires et
navales dans la Méditerranée, se rendait parfaitement compte
que l'indépendance de la Corse n'aurait plus pu être maintenue
du jour où la Sardaigne aurait éte occupée par l'ennemi. Voilà
pourquoi bien des mois avant la cession de la Sardaigne aux
Français, il avait montré avec insistance au Gouvernement
d'Angleterre l'importance d'une occupation temporaire de
cette île ; mais les moyens nécessaires pour mettre à exécution ce projet faisaient défaut, le moment favorable où il aurait pu réussir passa et la Sardaigne finit par être incorporée
aux possessions françaises. Il était donc urgent d'obtenir
une position plus défendable que celle que l'on pouvait trouver en Corse et ce fut dans le but d'assurer un refuge, en
cas d'évacuation de l'île, aux troupes, aux approvisionnements
et à tous les loyaux sujets du Roi de la Grande Bretagne,
Corses ou Anglais, que Sir Gilbert se décida à s'emparer de
Porto-Ferrajo en l'île d'Elbe, « port et hâvre d'une inesti-
mable valeur », écrivait Lord Nelson « dont je viens de m'emparer en exécution de votre plan (1). »

Cette mesure fut conçue et exécutée avec une telle promptitude que l'Amiral Sir John Jervis n'en eût connaissance
que lorsqu'elle était déjà un *fait accompli* ; l'excellente entente qui existait entre le Vice-Roi et l'Amiral ne saurait
être mieux établie que par les lettres qui furent échangées
entre eux à ce sujet.

Les événements ne tardèrent pas à justifier la prévoyance
dont on avait fait preuve en occupant Porto-Ferrajo (2). Le

_____

(1) Dépêches. Vol. II, p. 210.

(2) On trouvera publiée dans les dépêches de Nelson, vol. II, p. 208,
la lettre dans laquelle Sir Gilbert, après avoir justifié la prise de la ville
et du fort, prend l'engagement solennel auprès du Gouverneur de Porto-
Ferrajo de retirer les troupes et de rendre la place au Grand-Duc de
Toscane à la conclusion de la paix.

mois ne s'était pas écoulé que la déclaration d'une alliance défensive entre la France et l'Espagne décidait le gouvernement anglais à ordonner l'immédiate évacuation de la Corse ; les conséquences de cette détermination auraient été désastreuses pour les Anglais si Porto-Ferrajo n'avais pas été entre leurs mains (1).

Une autre conquête moins importante suivit de près celle de Porto-Ferrajo ; Lady Elliot en fait le récit suivant :

« Bastia, 18 Septembre 1796.

» Un léger conflit a eu lieu entre le Commodore Nelson et les Génois. Dans la nuit le commodore avait perdu un bateau ; le matin il en envoya un autre pour faire des recherches dans le petit port et voir si on pouvait trouver celui qui avait disparu ; il avait dit en même temps à l'équipage que si la batterie française, devant laquelle il fallait passer, faisait feu sur eux, ils pouvaient s'emparer d'un petit vaisseau qui se trouvait près de la batterie et qui déchargeait des approvisionnements pour les Français, mais qu'ils ne devaient pas y toucher si on ne tirait pas sur eux. Dès que le bateau de Nelson fut à portée des canons de la batterie on fit feu et l'équipage s'empara du vaisseau et l'emporta. Les Génois commencèrent alors à tirer sur nos navires et le feu dura de 7 heures du matin à une heure de relevée, sans qu'un seul de leurs coups portât. Le commodore Nelson riposta par trois coups de canon dirigés contre la batterie, et non contre les Génois, sinon il aurait pu détruire la ville à moitié ; à une heure, il envoya un bâtiment parlementaire pour connaître les motifs d'une pareille conduite à l'égard

(1) Voir les instructions de Sir Gilbert à Lord Nelson au sujet de la prise de Capraja ; elles contiennent un exposé complet des motifs qui ont fait adopter cette mesure énergique. (Dépêches de Nelson, vol. II, note à la p. 274).

des bateaux de Sa Majesté et il désira qu'il fût bien constaté que par humanité il n'avait pas riposté contre la ville. On lui répondit que le port était fermé aux Anglais et qu'on lui aurait envoyé une note dans quelques jours. Nelson regagna immédiatement Bastia. Il y passa vingt-quatre heures, s'y consulta avec Sir Gilbert, et l'on décida d'envoyer une expédition contre Capraja qui appartient aux Génois et qui, depuis que nous possédons la Corse, a toujours été préjudiciable pour nous. Se trouvant à mi-chemin entre la Corse et Livourne, cette île permet aux petits bateaux d'aller et de s'y réfugier en cas de gros temps. La flottille est partie l'avant dernière nuit, mais le temps a été tellement calme que les navires viennent d'atteindre seulement l'Ile, je les ai observés toute la matinée, jusqu'à en avoir mal aux yeux. Capraja est à trente milles d'ici, mais à l'œil nu nous pouvons voir les navires tout près d'elle et la ville qu'ils vont attaquer d'après nos suppositions. »

« 19 Septembre.

» Nous avons pris Capraja sans verser une goutte de sang, et les troupes, à l'exception d'une petite garnison, rentrent aujourd'hui. Le Pape, bien qu'il ait repoussé les propositions que les Français lui avaient faites, propositions trop ridicules pour que même des prêtres et des cardinaux pussent les écouter, n'aura pas l'assistance de Naples. On ne peut pas savoir ce qu'il compte faire, mais il craint tellement son peuple qu'il n'a pas osé se rendre à Saint Pierre le jour de la grande fête (1). Les prisonniers corses sont arrivés à Bas-

---

(1) On doit rappeler, à l'honneur du peuple de Rome, qu'il fut le premier à se ressentir du pillage de ses galeries et de ses églises par les Français. « A Rome il y a eu une insurrection. Le peuple ne veut pas permettre au Pape de donner de l'argent, des statues ou des tableaux. (19 juillet). Le Pape semble être en proie à une grande frayeur et il a

tia aujourd'hui et la milice qui les accompagnait criait le long du chemin « Vive le Roi et les Anglais ! » Les prisonniers disaient que les cris qu'ils avaient entendus à Livourne étaient bien différents.

» L'Ile est aussi calme que la mer ; nous allons tous les soirs à cheval jusqu'à neuf heures, au clair de lune et nous n'éprouvons pas plus d'émotion à rencontrer un homme armé de son fusil qu'un paysan anglais avec un bâton. »

Le 29 Septembre Sir Gilbert prit connaissance de la dépêche qui était arrivée la veille dans la nuit, par laquelle le Duc de Portland prescrivait, à la date du 31 Août, l'abandon immédiat de la Corse, ou, suivant sa périphrase, annonçait que le Gouvernement avait l'intention « de priver le peuple de Corse des bienfaits de la Constitution Britannique. » Les Corses avaient apparemment « profité de ces bienfaits sans s'en rendre compte ». Ce fut ainsi que le Vice-Roi fut mis pour la première fois au courant de cette mesure que l'on avait prise sommairement et dont il ne voyait ni la nécessité ni la convenance.

Ces instructions, venant en même temps que d'autres similaires concernant l'Elbe et Capraja, furent envisagées par Elliot comme un abandon absolu de la politique méditerranéenne qu'il avait si ardemment cherché à inaugurer. Il pen-

---

envoyé de nouveau des ordres pour que les Français fussent traités civilement dans le cas où ils se présenteraient. Le peuple soutient que les statues et les tableaux ne sont pas la propriété du Pape et qu'il ne veut pas s'en séparer. (Lady Elliot à sa sœur).

Nous connaissons les instructions qui avaient été données aux Français à ce sujet : Si Rome fait des avances, la première chose à exiger est que le Pape ordonne immédiatement des prières publiques pour la prospérité des armes françaises. Quelques-uns de ses beaux monuments, ses statues, ses tableaux, ses médailles, ses bibliothèques, ses madones d'argent et même ses cloches nous dédommageront des frais que nous coûtera la visite que vous lui aurez faite. (*Instructions du Directoire à Bonaparte*).

sait en effet qu'il fallait avant tout s'assurer dans la Méditerranée d'une position forte et indépendante, devant servir de base aux opérations navales et militaires, pour pouvoir réussir dans une politique dont le principal but était d'encourager et de soutenir une action commune parmi les gouvernements italiens, qui seule pouvait permettre à ces Etats de se défendre contre la marche en avant de la France.

La précipitation avec laquelle la Corse fut abandonnée à son sort, ou pour mieux dire, aux Français, affligea Elliot à d'autres points de vue. La manière d'agir de l'Angleterre à l'égard des Corses l'impressionna péniblement ; pour s'en convaincre on n'a qu'à se rapporter à une dépêche déjà publiée, datée de Novembre 1794, dans laquelle il fait connaître ses sentiments au sujet des devoirs qui incombaient à la Grande-Bretagne envers ces Corses qui avaient compromis leurs familles, leurs propriétés et leurs vies pour la défense de la cause commune. Aucun avis ne leur avait été donné en temps opportun ; aucunes conditions n'avaient été faites pour eux ou pour la Corse. La Grande-Bretagne ne songeait qu'à se mettre en sûreté le plus promptement possible contre les Français qui approchaient. L'évacuation de l'Elbe et de Capraja devait être effectuée en même temps que celle de la Corse ; la flotte reçut l'ordre de « quitter la Méditerranée », c'est à dire de se retirer à Gibraltar. Le contenu des dépêches de Londres fut gardé secret avec soin durant quinze jours afin de permettre aux transports d'arriver et d'être aménagés avant que le public se doutât de l'imminente retraite des Anglais. D'après le Vice-Roi cette nouvelle fut accueillie en Corse avec consternation ; suivant lui on put mettre a exécution sans obstacles les mesures que l'on dût prendre pour se conformer aux ordres reçus d'Angleterre, grâce aux bonnes et sympathiques dispositions du peuple (1).

_____

(1) L'Amiral Sir J. Jervis, dans une dépêche à Lord Spencer, parle

La conduite du peuple de Bastia doit peut-être attribuée en grande partie à l'influence personnelle du Vice-Roi sur plusieurs de ses anciens sujets ; ils étaient bien convaincus que Sir Gilbert avait à cœur leurs droits et leurs intérêts et ils voyaient son départ avec un réel regret. « Il est impossible », écrivait Lord Nelson à Sa Royale Altesse le Duc de Clarence, que je rende pleine justice à la bonne organisation du Gouvernement et aux excellents rapports du Vice-Roi avec les Corses ; aucun d'eux ne s'est séparé de lui sans pleurer ; même ceux qui avaient été opposés à son administration aimaient et respectaient son charmant caractère (1). »

L'évacuation complète de la Corse n'eut lieu qu'après qu'on eut retiré les garnisons de Saint-Florent et de Calvi. Le 26 Octobre Sir Gilbert écrivait au Duc de Portland que le dernier détachement anglais avait gagné Porto-Ferrajo en sûreté et que lui-même allait s'embarquer à bord de la « Minerve » battant pavillon du Commodore Nelson.

---

d'un mouvement révolutionnaire qui se serait manifesté à Bastia dès que l'on connut la nouvelle de l'évacuation de l'Ile ; comme conséquence, le gouvernement aurait été enlevé au Vice-Roi par la municipalité de Bastia et l'on aurait en même temps envoyé des délégués aux autorités françaises à Livourne.

Sir Gilbert, d'un autre côté, dans une dépêche au Duc de Portland, dit que Sir J. Jervis ayant été assez bon pour lui donner connaissance de sa dépêche à Lord Spencer, il croit de son devoir de déclarer que Sir J. Jervis a commis plusieurs erreurs au sujet des affaires de Bastia qui ont donné lieu à des rapports faux et exagérés. Réellement il y a eu un mouvement d'inquiétude quand la populace a cherché à profiter d'un instant d'anarchie pour causer du trouble et se livrer au pillage, « ainsi que cela a dû se passer dans toutes les parties du monde partout où de pareilles circonstances se sont produites. » Mais le comité et le peuple ont fait preuve de prudence et de sagesse jusqu'au dernier moment. Ils ont incontestablement demandé à traiter avec les Républicains de Livourne quand ils se sont vus abandonnés par nous. « Mais en cela je ne saurais les blâmer. »

(1) *Lettres de Lord Nelson*; Vol II, p. 301.

Voici une lettre qu'il adressait à Lady Elliot qui avait mis à la voile avec ses enfants le 23 pour Gibralter sur un vaisseau de guerre dont le capitaine avait reçu comme instructions, en cas de poursuite « de fuir et de ne pas combattre. »

« Baie de Saint-Florent, 24 Octobre 1796.

» Je suis resté à Porto-Ferrajo jusqu'au 22 ; puis je me suis embarqué à bord du « *Captain* » avec le Commodore Nelson pour Saint-Florent ; je désirais conférer avec l'Amiral et j'étais inquiet sur le peuple d'Ajaccio.

» Nous sommes arrivés ici ce matin et nous avons appris que la flotte epagnole avait passé deux jours au large du Cap-Corse ; en ce moment elle est sur les côtes de Provence. Je craignais vraiment qu'elle n'empêchât les convois d'Ajaccio et de Calvi de nous rejoindre ici ; mais l'Amiral dissipa mes craintes en m'assurant que les Espagnols, livrés à eux-mêmes, ne nous inquiéteront jamais et se garderont bien de nous empêcher de faire ce qu'il nous plaira. Nous attendons avec impatience l'escadre de l'amiral Man, dont beaucoup de choses dépendent. On a évacué Saint-Florent hier au soir sans laisser dernière soi le moindre objet de valeur.

» J'ai eu une longue couférence avec l'Amiral et j'en ai été satisfait ; il est ferme comme un roc en présence de difficultés qui pourraient ébranler un homme plus résolu qu'Hotham. Avec quatorze vaisseaux de ligne il a en ce moment à tenir tête à trente six ou peut-être quarante vaisseaux ennemis. Si Man le rejoinf, ils attaqueront certainement et il ont pleine confiance en la victoire.

» Porto-Ferrajo est une bénédiction ; car s'il ne peut rien faire de mieux, Sir J. Jervis pourra s'y réfugier et y attendre d'être renforcé. Le Gouvernement ne m'a jamais dit un mot au sujet de Porto-Ferrajo (1). On a publié dans le journal officiel la lettre de Nelson à l'Amiral, mais on a omis la mienne, de sorte que j'ai l'air d'avoir été complètement étranger à cet événement.

» George continue à se bien porter et à se faire aimer de tous ».

« Baie de Saint-Florent, 26 Octobre 1796.

» Hier, à ma grande joie, la garnison de Calvi est arrivée sans accident et nous avons reçu des nouvelles d'Ajaccio que l'évacuation avait eu lieu le 22. Ils ont mis à la voile le 23 par le détroit de Bonifacio pour l'île d'Elbe où, je l'espère, ils doivent être actuellement en sûreté. Cette affaire a donc heureusement pris fin et tout a marché d'une façon satisfaisante bien que l'ennemi fût sur la côte et que nous eussions à lutter contre une flotte supérieure sur mer.

» Je retourne aujourd'hui à Porto-Ferrajo..... pour me rendre de là à Naples et suivre mon plan italien. Naples est très important, la flotte ne pouvant continuer à croiser dans ces mers que si cette cour et ce pays nous soutiennent. L'Amiral s'oppose vivement à ce que je résilie mes pouvoirs actuels, particulièrement la direction des affaires militaires ; d'après lui la continuation de mon commandement est indispensable pour assurer la coopération de l'armée et de la marine dans un service où la politique joue un aussi grand rôle.

» Dieu vous bénisse, mon amour. Si je pouvais apprendre que vous êtes arrivée saine et sauve à Gibraltar, bien que la suite de votre destinée me soit inconnue, mon esprit serait au moins débarrassé immédiatement d'un grand poids. Quant

---

(1) Relativement à son occupation par les troupes anglaises, mesure qui fut prise par le Vice-Roi sous sa responsabilité et dont il a été le premier à concevoir l'idée.

à moi, à tous les autres points de vue, la Corse ayant été évacuée complètement et sans obstacles, je suis libre de tout souci, je veux dire de souci personnel. Je m'intéresse vivement à la branche de la guerre dans la Méditerranée qui est bien plus importante que l'on n'a l'air de le croire à Londres (1). »

Les nécessités de la situation militaire exigeaient absolument que l'on gardât Porto-Ferrajo jusqu'à ce que l'on eût pris les mesures convenables pour sauvegarder les vies et les biens qui étaient mis en danger par l'occupation française de la Corse. Sir Gilbert assuma donc la responsabilité de retarder l'exécution des ordres qui avaient été donnés au sujet de l'abandon de l'Ile d'Elbe. Si l'on n'avait pas agi ainsi, « notre convoi et nos transports de Smyrne auraient été perdus », écrivait Nelson ; d'un commun accord avec les commandants des forces navales, il se décida à retenir en même temps la flotte. Avec quels profonds regrets Sir Gilbert n'a-t-il pas dû recevoir, quelques heures après qu'il s'était embarqué sur « la Minerve », des dépêches d'Angleterre annulant les instructions relativement à la Corse et contenant des contre-ordres au sujet des mouvements de la flotte (2).

---

(1) 1796. « Nous nous préparons tous », écrivait Nelson, « à quitter la Méditerranée, mesure que je ne saurais approuver. En Angleterre on ignore ce que cette flotte est capable de faire : n'importe quoi et tout. Tout en me réjouissant de revoir l'Angleterre, je déplore, revêtu d'un cilice et couvert de cendres, les ordres actuels que je trouve contraires à la dignité de mon pays ; notre flotte peut tenir tête au monde en armes, et de toutes les flottes que j'aie jamais vues, je n'en jamais connu, pour les officiers comme pour les hommes, de pareille à celle de Sir J. Jervis qui, comme commandant en chef, est en état de la conduire à la gloire. »

(2) « On a gagné un grand point », écrivait Sir W. Hamilton au Commodore Nelson le 31 Octobre 1796, « grâce à vos efforts réunis (ceux de Sir Gilbert et ceux de Nelson), pour empêcher la flotte du Roi d'abandonner la Méditerranée ; ces royaumes et l'Italie entière ont été sauvés ainsi de la ruine complète dont ils étaient immédiatement menacés, » — *Dépêches*, Vol. II, p. 289.

Sir John Jervis considéra comme un bonheur que le changement de politique concernant la Corse n'eût été connu qu'après que l'Ile était tombée aux mains des Français. Le moment de la défendre était passé ; les fluctuations de la politique anglaise avaient ébranlé la confiance des Corses et les succès de la France en Sardaigne et sur la côte avait ouvert l'Ile aux envahisseurs.

Mais Sir Gilbert lut probablement avec plus de peine que de résignation la lettre dans laquelle M. Windham lui parlait des « nouvelles instructions qui vous maintiendront dans la situation que vous avez occupée d'une manière si remarquable et nous éloigneront d'une politique aussi fausse d'après moi, dans les deux sens du mot, que celle, je puis le dire maintenant, que nous avons failli suivre. Je tremble que ce changement dans notre détermination n'arrive trop tard et que les choses ne soient trop avancées pour que l'on puisse reculer, que le mal ne soit déjà considérable ou même irréparable (3). »

Amiral Sir John Jervis au Vice-Roi.

« Victory, » Ile de Minorque, 11 Novembre 1796.

» Par le cutter le « Cygnet », qui est arrivé hier au soir j'ai reçu l'ordre de vous soutenir dans la souveraineté de la Corse et, au cas où l'évacuation aurait déjà eu lieu, de nous établir à Porto-Ferrajo. Jusqu'ici nous naviguions vent arrière, mais hélas ! le pauvre amiral Man a pour le moment détruit mon plan d'opérations en décidant, de concert avec les capitaines qui servent sous ses ordres, de croiser au large du Cap Saint-Vincent jusqu'à la fin d'Octobre et de se diriger ensuite sur Spithead, trangressant ainsi directement les ordres qu'il reconnaît avoir reçus de moi. Les raisons qu'il

---

(1) *William Windham à Sir Gilbert Elliot*, 20 oct. 1796, V. Bullet. *Correspondance d'Elliot*, t. II, p. 282.

donne sont celles d'un homme qui a perdu tous ses moyens ; je suis persuadé qu'il a consulté les capitaines de manière à provoquer leurs réponses, ainsi que cela s'est déjà produit une première fois. Dans ces conditions, j'ai l'intention de me rendre à Gibraltar avec le convoi, dans l'espoir d'y recevoir des renforts ; s'il ne m'en arrive pas dans un temps raisonnable, je me dirigerai sur Porto-Ferrajo où j'espère arriver avant que vous soyez rentré du continent.

» Quoique je n'aie aucune bonne raison à vous présenter de nature à vous empêcher de vous retirer d'une scène où vous ne pouvez plus agir avec la dignité et l'autorité nécessaires pour justifier aux yeux du public et devant vous même une plus longue entente avec nous, c'est avec une profonde anxiété que je songe à la situation où va me placer la perte de vos sages conseils et de votre précieux concours. J'ai la plus haute opinion de l'honneur et de l'intégrité du général de Burgh, mais en présence de son inexpérience dans des affaires d'une nature aussi compliquée, devant son caractère défiant et indécis, alors qu'une décision prompte est nécessaire, je crains le moment de votre départ définitif. J'ai cependant bon espoir et j'attends beaucoup, je l'avoue, du plan d'opérations que vous allez arrêter avec le Général.

» J'ai l'honneur d'être, avec la plus sincère estime et le plus grand respect, cher Monsieur, votre très dévoué

« J. JERVIS. »

Les dernières instructions qu'il avait reçues engagèrent probablement Sir Gilbert à prendre une mesure qui était nécessaire pour assurer la sécurité complète de la nouvelle station à Porto-Ferrajo, nous voulons parler de l'occupation de Piombino sur la côte d'Italie, unique place d'où l'on pouvait ravitailler Porto-Ferrajo.

« Nous prenons Piombino ce soir, » écrivait-il de Porto-Ferrajo le 6 Novembre 1776. « Ce sera le dernier acte de mon règne, et en vérité l'occupation de Porto-Ferrajo n'était pas complète sans cette opération. Nous serons alors tranquilles sur le compte de nos approvisionnements. C'est ma première conquête continentale. Je crois qu'il ne serait pas difficile de prendre Rome ; mais il faudrait pour cela un amiral, les militaires me paraissant être de trop bons généraux pour faire des conquêtes. Nous attendons avec impatience l'escadre de l'Amiral Man dont beaucoup de choses dépendent (1). »

---

(1) Nous croyons devoir terminer ici notre traduction, les faits qui suivent se rapportant à la politique générale anglaise dans la Méditerranée et ne concernant plus la Corse.

Sir Gilbert passa à la Cour de Naples les derniers mois de l'année 1796. Rentré à Porto-Ferrajo le 22 Janvier 1797, il regagna l'Angleterre où il débarqua à Plymouth le 5 Mars suivant, après avoir assisté à bord du « Victory » à la bataille navale du Cap Saint-Vincent.

# TABLE ALPHABÉTIQUE DES NOMS PROPRES

## A

## B

## C

dans l'intérieur de l'Ile, 73. — Est accusé d'avoir brisé le buste de Paoli, 88, 89, 90. — Sa vie est menacée, 95.

*Colonna* (M.). — Fait partie de la députation corse à Londres, 41.

*Congleton* (Eléonore). — Ses excursions avec Lady Elliot, 67. — S'embarque avec Lady Elliot à Livourne pour rentrer en Corse, 113.

*Cook* (capitaine). — Sa brillante conduite au siège de Saint-Florent, 23.

# D

*Dillon* (Edouard). — Son régiment, 102. — Son éloge 103.

*Dumouriez.* — Son opinion sur Paoli, 97.

*Duncan* (capitaine). — Aide de camp d'Elliot, 72, 76.

*Dundas* (général). — Est en complet désaccord avec Lord Hood au sujet de l'attaque de Bastia, 19, 20, 21. — Sa retraite, 21. — Manque d'audace au siège de Saint-Florent, 23. — Est remplacé par le général Stuart, 23.

*Dundas* (Henri). — Sa correspondance avec Elliot à propos : de l'organisation du gouvernement anglo-corse, 4, 5, 6, 46, 49 — des réfugiés Toulonais, 15 ; — des affaires d'Italie, 28, 29 ; — de la députation corse et de Pozzo-di-Borgo, 42 ; — d'opérations militaires, 57, 58. — Accepte au nom du Roi l'annexion de la Corse à la Grande-Bretagne, 27. — Est nommé Ministre de la Guerre, 58. — Donne de l'avancement au colonel Moore, 99, 100.

# E

*Elliot* (Lady). — Reçoit des lettres d'Elliot lui parlant : de ses premières impressions en débarquant en Corse, 7 ; — des péripéties de son voyage à Livourne, 12 ; — du différend entre Lord Hood et le général Dundas, 20, 21 ; — du siège de Saint-Florent, 21, 22, 23 ; — du siège de Bastia, 24 ; — du siège de Calvi, 36 ; — de son voyage dans l'intérieur de l'Ile, 38 ; — de son isolement en Corse, 51 ; — du mécontentement de Paoli et des intrigues menées par lui et ses partisans, 81, 89, 93, 94, 95 ; — du départ de Paoli, 96 ; — du rappel du colonel Moore, 99 ; — de l'évacuation de la Corse, 120, 121, 122. — Elle retourne à Minto, 60. — S'occupe de l'éducation de ses enfants, 61, 62. — Ses relations avec les émigrés francais, 63. — S'établit à Portslade, 63. — Veut rejoindre son mari en Corse. — Son arrivée dans l'Ile, 51, 60, 65. — Sa correspondance avec sa sœur Lady Malmesbury : l'y entretient de ses promenades ;

# F

# G

# H

# J

# K

# L

# M

# R

# S

# V

# W

# Y

# ERRATA

| | | | | | |
|---|---|---|---|---|---|
| p. 2, l. 26, *au lieu de :* | Iouis XVI, | | *lisez :* | Louis XVI. |
| p. 18, l. 22, | — | vons, | — | vous. |
| p. 18, l. 26, | — | persnnnes, | — | personnes. |
| p. 27, l. 31, | — | SG. Lady E., | — | S. G. à Lady E. |
| p. 31, l. 16, | — | conna:tre, | — | connaitre. |
| p. 33, l. 7, | — | certaine, culture, | — | certaine culture. |
| p. 44, l. 20, | — | autocratiques, | — | autocratique. |
| p. 44, l. 26, | — | bien aimé. | — | bien-aimé. |
| p. 46, l. 33, | — | Dépèche, | — | dépèche. |
| p. 54, l. 2, | — | meiljeur, | — | meilleur. |
| p. 75, l. 24, | — | mio, | — | moi. |
| p. 76, l. 30, | — | fenétres, | — | fenêtres. |
| p. 78, l. 2, | — | dclla, | — | della. |
| p. 78, l. 29, | — | Piève, | — | Pieve. |
| p. 96, l. 14, | — | grâcieuse, | — | gracieuse. |
| p. 100, l. 2, | — | repréhensible, | — | répréhensible. |
| p. 111, l. 33, | — | Wyndham, | — | Windham. |
| p. 115, l. 5, | — | n'avais, | — | n'avait. |
| p. 120, l. 2-3, | — | vaissean, | — | vaisseau. |
| p. 120, l. 22, | — | couférence, | — | conférence. |
| p. 120, l. 27, | — | rejoinf, | — | rejoint. |

www.ingramcontent.com/pod-product-compliance
Lightning Source LLC
Chambersburg PA
CBHW070811290326
41931CB00011BB/2189